高等继续教育财经类专业精品系列教材

DIANZI SHANGWU GAILUN

电子商务概论

邢长明 邹玉晓 李建辉 主编

东北财经大学出版社
Dongbei University of Finance & Economics Press
大连

图书在版编目（CIP）数据

电子商务概论 / 邢长明，邹玉晓，李建辉主编．—大连：东北财经大学出版社，2025.1.—（高等继续教育财经类专业精品系列教材）．—ISBN 978-7-5654-5543-8

Ⅰ．F713.36

中国国家版本馆CIP数据核字第2025D6E959号

东北财经大学出版社出版

（大连市黑石礁尖山街217号　邮政编码　116025）

网　址：http://www.dufep.cn

读者信箱：dufep@dufe.edu.cn

大连雪莲彩印有限公司印刷　　东北财经大学出版社发行

幅面尺寸：185mm×260mm　　字数：237千字　　印张：13

2025年1月第1版　　2025年1月第1次印刷

责任编辑：张晓鹏　刘慧美　曲以欢　惠恩乐　孟　鑫　张爱华　　责任校对：一　心

封面设计：原　皓　　版式设计：原　皓

定价：26.00元

教学支持　售后服务　联系电话：（0411）84710309

如有印装质量问题，请联系营销部：（0411）84710711

前言

以习近平同志为核心的党中央坚定不移地实施科教兴国战略和人才强国战略，党的二十大报告对“办好人民满意的教育”做出部署，为我们在新时代、新征程中推动继续教育改革发展，提供了根本遵循。

为积极落实《教育部关于推进新时代普通高等学校学历继续教育改革的实施意见》，推动高等学历继续教育提质增效、内涵式发展，山东财经大学组织相关专家和一线教师，编写了这套高等继续教育财经类专业精品系列教材。

该系列教材的编写，依托学校雄厚的学科实力，紧密结合高等学历继续教育教学工作实际，突出优势，深入开展教学研究，不断凝练教育改革经验，及时进行内容更新，努力将教学成果固化到系列教材中，将站在学科前沿的新技术、新理论补充到教材中，将思政元素和创新元素融入教材中，较好地实现了教材系统性和科学性、创新性和实践性的有机结合。

该系列教材注重适应财经类专业教学改革和发展趋势，针对高等学历继续教育的特质，在内容上紧扣财经类专业课程设置和教学大纲，科学、系统地阐述财经类专业教学的基本内容，并以此为基础，建设完成了覆盖所有开设专业的线上课程，适用于经济、管理学科，尤其是经济学、会计学、金融学和工商管理等专业高等学历继续教育的教学，对指导和帮助学生获取专业基础知识和基本技能具有较强的针对性。该系列教材在提升高等学历继续教育财经类专业人才培养质量方面发挥着基础性作用，在使用范围和地域上，具有广泛的适应性。

电子商务概论是高等学历继续教育电子商务和信息管理等专业的一门学科基础课。课程内容主要包括电子商务基本概念、电子商务框架体系与结构、电子商务网络营销、电子商务模式及运营、电子商务物流、电子支付和电子商务安全技术等。本课程结合目前主要的电子商务理论和环境，帮助学生掌握电子商务的基本概念和相关理论知识，勾画出电子商务的专业体系，并引导学生继续深入学习。《电子商务概论》正是基于此而写就的。

本教材共分8章，包括电子商务概述、电子商务基础知识、电子商务的基本模式、新兴的电子商务模式、电子商务物流、网络营销、电子支付和电子商务安全。电子商务是实践性很强的一门学科，同时也是一门知识更新较快的学科，希望通过对本课程的学习，学生可以掌握电子商务的基本理论、基本方法和基本实践技能，并能应用这些理论、方法和技能分析、解决电子商务活动中所遇到的有关产品与服务问题。

本教材由山东财经大学邢长明、山东警察学院邹玉晓和山东财经大学李建辉共同编写。其中，邢长明编写第1、第2和第8章，邹玉晓编写第3和第4章，李建辉编写第5、第6和第7章。在编写过程中，我们参阅了大量的教材和论文，引用了电子商务方面的许多新成果，在此谨向有关编者和作者表示诚挚的谢意！此外，教材的出版得到了东北财经大学出版社的大力支持，我们深表感谢！

由于编者水平有限，书中难免存在一定的疏漏和不足，恳请各位读者朋友提出宝贵意见，以便将来进行修订和完善。

编 者

2024年11月

目 录

第1章

电子商务概述

学习目的与要求

掌握电子商务的概念；

了解电子商务的产生和发展概况；

理解电子商务的分类；

了解电子商务的典型应用。

素养目标

掌握电子商务的定义、发展历程和基本运作模式，理解电子商务与人们日常生活、学习和工作的关系；能够对电子商务现象、案例进行初步分析，包括与传统商务相比的优势和不足；了解电子商务对中国经济的影响，中国电子商务的发展现状、地位及趋势，了解建设数字中国的意义，让学生感受中国在全球经济发展中的重要地位，将社会主义核心价值观教育融入其中。

根据中华人民共和国商务部发布的《中国电子商务报告（2022）》，2022年，面对风云变幻的国际环境和艰巨繁重的国内改革发展稳定任务，我国有效应对超预期因素冲击，实现了经济平稳运行、发展质量稳步提升。电子商务作为促消费、保民生、稳外贸的重要力量，保持了较强发展势头，在激发经济活力、促进灵活就业、提振发展信心等方面做出了积极贡献。

近两年，电子商务模式与业态迭代创新，即时零售、直播电商、短视频电商、社区团购等新业态加速演进，无人零售、大规模定制、小程序电商等新消费场景不断涌现。电子商务拉动消费增长的作用持续提升，为消费者提供了层次丰富、形式多样的消费选择，推动人民群众的生活水平从全面小康向更高目标迈进。电子商务无接触、线上化的独特优势契合统筹疫情防控与经济社会发展的要求，在防疫保供和稳定物价方面发挥了重要作用。同时，“丝路电商”提质扩容，跨境电商蓬勃发展，促进外贸进出口持续增长。“数商兴农”深入实施，电商惠农机制不断创新，助力巩固拓展脱贫攻坚成果同乡村振兴有效衔接。电子商务催生了一批新的职业形态，成为许多年轻人创业的主阵地、增加居民收入的新渠道。可以看到，电子商务作为数字经济的重点领域，正在从消费端向生产端、供给端快速推进，通过数实融合重构产业链与价值链，帮助传统产业转型升级.

那么，电子商务究竟是什么？它是如何形成和发展的？进一步，电子商务相较于传统商务模式，二者之间存在哪些显著的差异？电子商务究竟能够实现哪些功能呢？这些问题引领我们学习电子商务的基础知识。本章将介绍电子商务的产生、内涵定义、架构分类、行业趋势及其在我国的发展历史及前景。

1.1 电子商务的基本概念

随着信息技术与互联网技术的飞速发展，商务活动电子化的条件日臻完善，电子商务应运而生，深刻改变了我们的生活方式与经济格局。它不仅将生产企业、销售企业和消费者等多元主体紧密联结在数字化平台上，同时催生了跨境电商、直播带货等新兴业态与模式，极大地拓宽了市场边界。进入21世纪，随着国家“互联网+”战略的推进，电子商务更是成为推动经济社会转型升级的重要引擎，展现出了强大的生命力和广阔的发展前景。电子商务不仅简化了交易流程，提升了效率，还促进了资源的优化配置，加速了全球经济的深度融合。作为新经济时代的代表性力量，电子商务正引领着我们迈向更加便捷、高效、全球化的未来。

1.1.1 商务与电子商务

电子商务是一种新的商务模式，从字面上我们也可以看出，电子商务包含了电子和商务两部分。在介绍电子商务之前，我们先来看一下商务的定义。

1.什么是商务

关于商务的概念，有狭义和广义两种不同的理解和界定。

狭义的商务仅指商品的交易环节，多数情况下被当作“商品交易”的等义词来加以使用。在这一视角下，商务活动被简化为买卖双方就商品（或服务）进行价值交换的过程。这一过程可能包括询价、报价、谈判、签约、履约、支付等环节，其核心目的是实现商品所有权的转移和相应的经济利益交换。

广义的商务概念则涵盖了更为广泛的经济活动范畴。它不仅包括商品的交易环节，还涉及商业计划、市场分析、营销策划、客户关系管理、供应链管理、物流运输、财务管理、人力资源管理等多个方面。在这一视角下，商务活动是一个复杂而系统的过程，它要求企业综合运用各种资源和能力，以实现其商业目标和价值最大化。

2.什么是电子商务

对现代企业而言，电子商务已成为一种不可或缺的经营手段。随着网络与电子商务技术的发展，众多企业正积极转型，通过电子商务模式来优化管理与营销策略，一个充满机遇与挑战的全新国际化电子商务市场正逐步成形。为了在这个竞争激烈的市场环境中立足，并有效应对来自全球的竞争压力，无论是已涉足电子商务的企业，还是计划涉足此领域的传统企业，都需要选择适合自身发展的商业模式，并制定出一套高效、可行的电子商务战略规划，以全面提升企业的竞争力。互联网的兴起不仅革新了传统企业的运营模式，更重塑了市场竞争规则，而电子商务正是这一变革的核心驱动力之一。

电子商务是一个不断发展的概念，简而言之，是利用计算机技术与网络技术开展的各类商务活动。目前，不同的企业、组织及政府机构对电子商务的解读与界定存在差异。这些多样化的概念分别从各自独特的视角出发，为我们勾勒出了电子商务的多元面貌，有助于我们全面且概括地理解这一新兴领域。

经济合作与发展组织（OECD）将电子商务定义为发生在开放网络上的包括

企业之间、企业和消费者之间的商业交易。

国际商会从商业视角阐述了电子商务的概念，将其界定为实现整个贸易活动的电子化过程。从应用范畴的角度来看，电子商务涉及所有不通过面对面交流或直接会晤，而是采用电子交易手段完成的商业交易形式；从技术层面解析，电子商务则是一个集成了多种技术的综合体，它不仅包括数据交换技术（如电子数据交换、电子邮件），还包含数据获取途径（如共享数据库、电子公告牌）以及数据的自动化采集技术（如条形码识别）等。

世界贸易组织（WTO）将电子商务定义为通过电信网络进行的生产、营销、销售和流通活动，它不仅指基于Internet的交易，而且指所有利用电子信息技术来解决问题、降低成本、增加价值和创造商机的商务活动，包括通过网络实现从原材料查询、采购、产品展示、订购到出品、储运以及电子支付等一系列贸易活动。

IBM公司于1996年提出了Electronic Commerce（E-Commerce）的概念，仅指在互联网上开展的交易或与交易有关的活动。到了1997年，该公司又提出了Electronic Business （E-Business）的概念，是指利用信息技术使整个商务活动实现电子化，包括利用互联网、内联网和外联网等网络形式，以及信息技术进行的商务活动。简单来说，就是将所有商务活动的业务流程电子化，如网络营销、电子支付等外部业务流程，以及企业资源计划、客户关系管理和人力资源管理等内部业务流程。

上述定义是从不同角度对电子商务进行阐释的，它们并没有对错之分。现在也有人将电话购物、电视购物以及售货终端机归入电子商务的范畴，但是大多数定义还是将电子商务限制在使用计算机网络开展的商业活动上。我们可以将Electronic Commerce看作狭义的电子商务，将Electronic Business看作广义的电子商务。综合来说，可以将电子商务看作利用互联网及现代通信技术进行的任何形式的商务运作、管理或信息交换，包括企业内部的协调与沟通、企业之间的合作及网上交易等内容。

1.1.2 电子商务的概念模型

电子商务的概念模型是对现实世界中电子商务活动的一种抽象的描述，由电子商务实体、电子市场、交易事务、信息流、资金流、商流、物流等基本要素构成，如图1-1所示。

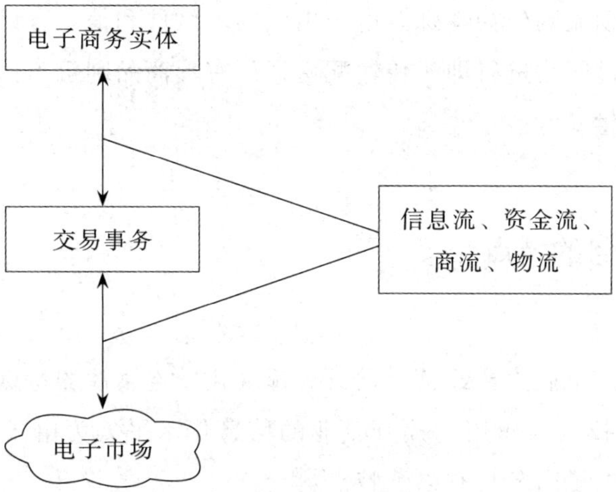

图1-1　电子商务的概念模型

电子商务概念模型中各对象的含义如下：

1.电子商务实体

电子商务实体是指开展电子商务活动的客观对象，可以是企业、中介机构（银行、保险公司、市场咨询服务公司等）、政府机构、教育科研机构或个人消费者等。

2.交易事务

交易事务是指电子商务实体之间开展的具体商务活动内容，如询价、报价、转账支付、广告宣传和商品运输等。

3.电子市场

电子市场是指电子商务实体从事商品或服务交易的场所，由各种商务活动参与者利用各种通信装置，通过网络连接成一个完整市场。

4.信息流、资金流、商流、物流

电子商务的任何一笔交易都离不开“四流”，即信息流、资金流、商流和物流。其中，信息流是指商品基本信息的流动，如商品信息的提供、促销、技术支持、售后服务、询价、报价和付款通知等；资金流是指资金的转移过程，如付款、转账、结算和兑换等；商流是一种买卖或者说是一种交易活动过程，通过商流活动发生商品所有权的转移；物流是指商品或服务从供应商向需求者的移动，包括配送、运输、保管、包装和装卸等多项内容。“四流”间的关系可以表述为：以信息流为核心和桥梁，通过资金流实现商品的价值，通过商流实现商品所有权转移、商品价值形式变化，通过物流实现商品的使用价值。

在电子商务环境下，信息流、资金流和商流的处理都可通过计算机和网络通信设备来完成，物流则较为特殊。电子出版物、软件和信息咨询服务等无形商品或服务可直接通过网络进行即时传输配送，而有形商品则仍需依赖传统的线下运输方式来完成交付。

1.1.3 电子商务的特点

传统商务下，企业生产经营活动具有标准化、连续性的特点，能够推动生产经营过程中先进技术的应用，提升企业的信息化水平，为电子商务发展奠定基础。总体来看，电子商务具有以下特点：

1.虚拟化与数字化

电子商务是传统商务和信息技术融合发展的产物。它构建了一个虚拟的、数字化的信息经济体系，能够为企业提供更为便捷、高效的运营方式，有效降低了企业的运营成本，同时为消费者开辟了前所未有的信息获取通道。在这里，消费者足不出户即可轻松浏览海量信息，完成各类商务交易，尽享数字化时代的便利。

2.开放性和全球性

依托互联网这一全球信息传播与覆盖的强大平台，电子商务摆脱了传统商务的地理与空间束缚，展现出前所未有的广阔天地。其无限的信息存储空间、便捷的信息检索与传输，极大地促进了不同地域间的经济联系。电子商务重新定义了传统的商品流通模式，减少了中间环节，让生产者与消费者之间的直接交易成为现实，从而在一定程度上改变了整个社会经济运行的方式。

3.自动化和智能化

在电子商务环境下，自动化的交易流程提升了生产效率，催生了一系列创新的价值创造模式、精细的分工协作机制，以及琳琅满目的新产品和新市场。这一变革使得经济发展逐渐摆脱了体力劳动的束缚，转而更加注重知识和信息的核心价值。人们对财富的认知也随之发生了深刻转变，开始重视所拥有的信息、知识和智力的水平。随着科技与互联网技术的不断发展，未来智能工具将日益占据社会的主导地位，生产、交换和分配等各种经济活动将朝智能化的方向发展。

1.1.4 电子商务与传统商务的比较

相较于传统商务模式，电子商务为经济发展提供了战略性、选择性和持续性的支持，是社会进步和演进的重要标志。

从交易方式来看，电子商务作为网络化交易的典范，代表着最前沿的买卖模式，这种买卖模式依托计算机网络而开展。电子商务系统不仅能够协助用户完成合同签订、信息传递和资金收付等业务流程，还构建了一个超越物理界限的商贸环境。这一现代商贸形式，利用虚拟化技术摆脱了时间束缚、地理距离等传统市场障碍，从根本上改变了竞争格局，使得边远地区的企业、规模较小的企业也能够在公平的环境下参与竞争，同时确保全球各地的消费者，无论其地域或职业背景如何，都能同样享受到现代社会的种种便利与福祉。

从经营方式上看，电子商务是网络化经营，在当今这个日新月异的数字时代，网络营销已经成为不可回避的商业命题，它不仅是一种新的技术或手段，更是一种影响企业未来生存及长远目标的选择，是企业一种新的经营方式。互联网凭借其高效、即时的双向交互能力，在企业与分销商、供应商之间搭建起了沟通的桥梁，使得产前与产后的无缝对接成为企业营销策略的重要组成部分。

从科技含量上看，电子商务是一种自动化商务，它依托网络通信，运用电子信息技术，为服务贸易、商品交换及商务数据交互提供了全新的平台。其核心价值在于极大地拓宽了商务活动的边界与操作范畴，同时显著缩短了业务流程的执行时间与周期，进而降低了企业及社会的交易成本，实现了以较低的投入获取最大的收益，增加了业务价值和社会净福利。关于电子商务与传统商务之间的详细对比分析见表1-1和表1-2。

表1-1 传统商务与电子商务的详细对比

比较项目	传统商务	电子商务
交易对象	部分地区	全球
交易时间	规定的营业时间内	7×24小时
交易地点	需要销售空间（实体店铺、仓库等）	虚拟空间（网络店铺、商品列表、图片等）

续表

比较项目	传统商务	电子商务
流通渠道	企业→批发商→零售商→消费者（成本高）	企业→消费者（降低流通成本）
销售方式	通过各种关系线下交易	线上自由交易
销售推动	销售商努力（单向）	交易双方一对一沟通（双向）
信息提供	根据销售商的不同而不同	透明、准确、及时
便捷性	受时间和地点的限制	不受时空限制
顾客需求把握	需要用很长的时间掌握顾客的需求	能够迅速捕捉顾客的需求，及时应对

表 1-2　　**传统商务和电子商务运作过程的比较**

运作过程	传统商务	电子商务
交易前准备	以纸面材料为主，进行商品信息的发布、查询和匹配	以网络为主，进行商品信息的发布、查询和匹配
贸易磋商	交易双方进行口头磋商或纸面贸易单证的传递	交易双方通过网络进行磋商或通过电子信息传递贸易单证
合同与执行	交易双方签订纸质商贸合同	交易双方通过第三方认证机构签订电子合同
支付与清算	一般有支票和现金两种方式	网上支付

1.2　电子商务的产生和发展

随着互联网技术的成熟与经济的不断发展，电子商务日益蓬勃发展，并逐渐在商务领域中占据主导地位，成为当今世界商业活动不可或缺的核心模式。电子商务的发展与应用极大地改变了人们的生活方式，成为人们日常生活中密不可分的一部分，如在线购物，水费、电费缴纳，车票和机票预订等。

1.2.1 电子商务的产生

电子商务并非新兴事物，早在1839年，随着电报通信业务的出现，人们便开始尝试利用电报等电子方式开展初步的商务活动。之后，电话、传真、电视机等一系列电子通信工具的诞生，进一步丰富了商务活动中可用的电子手段。20世纪40年代，第一台大型计算机的诞生及其后续的快速迭代升级，使得计算机逐渐涉足商务领域，成为处理商务事务的重要工具。互联网的产生与发展，又进一步推动了电子商务的发展。其产生和发展的条件主要包括以下两个：

1. 电子商务产生的技术基础

电子商务的产生和发展得益于信息技术的快速发展，特别是互联网技术的成熟和普及。其主要体现在两个方面：一是计算机的广泛应用。20世纪90年代以来，计算机的处理速度越来越快，成本却持续下降，应用范围不断拓展，为电子商务的发展奠定了基础。二是网络的普及和成熟。随着互联网逐渐成为全球通信与交易的媒介，全球上网用户数量呈几何级增长；网络凭借其高效、安全及低成本的特性，为电子商务的广泛应用创造了良好的环境，推动了其快速繁荣发展。

2. 电子商务产生的商务基础

由于社会生产力的发展，在商品经济条件下，商业贸易的国际化步伐加快，国际贸易量迅猛增长。在这一背景下，制造商、供货商和消费者之间，以及跨国公司与其各分支机构之间，对加快商业文件与票据的流转速度、提升处理精确性的需求日益迫切。然而，传统上的采用人工处理文件的方式，不仅劳动强度大、效率低，而且出错率高，难以满足现代贸易的高效要求。因此，推动商业贸易流程的电子化转型，实现“无纸化”贸易，成为全体贸易参与者的共同需求。

另外，随着社会经济的发展，多数商品市场都出现了供大于求的局面，企业间的竞争愈发激烈。在此背景下，急需一种新的商务模式来提高企业的竞争力，电子商务即扮演了这种角色并应运而生。

总之，信息技术的进步和商务的发展使社会网络化、经济数字化、竞争全球化、贸易自由化成为新趋势，为现代电子商务的发展奠定了基础。

1.2.2 电子商务的发展阶段

根据电子商务使用的网络和技术不同，电子商务的发展大致可分为四个阶段：基于EDI的电子商务，基于Internet的电子商务，基于3G、4G、5G的移动电子商务，基于新兴技术的智慧电子商务。

1.基于EDI的电子商务

电子数据交换（Electronic Data Interchange，EDI）产生于20世纪60年代末的美国，当时的贸易商们已经开始使用计算机处理各类商务文件。他们发现不同的计算机产生的数据之间存在关联，即一台计算机的输入数据70%来源于另一台计算机的输出，如果能在计算机之间实现数据自动交换，将大大提高数据的准确性，减少重复性劳动，从而提高工作效率，EDI技术应运而生。

EDI是一种电子传输方式，它按照公认的标准将业务文件从一台计算机传输到另一台计算机。其直接在计算机间交换信息，显著减少了纸质文件的使用，因此常被誉为“无纸贸易”或“无纸交易”。EDI系统主要由硬件和软件两大部分构成：硬件部分的核心是计算机网络，而软件部分则包括计算机程序及相关的EDI标准。

在1990年之前，由于网络安全技术尚未成熟，多数EDI传输是通过租用专线，在专用的增值网络（Value-Added Network，VAN）上实现的。EDI软件的主要功能是将用户数据库中的信息转换成EDI标准格式，以便进行传输和交换。由于各行业企业根据自身业务特点设定数据库信息格式，所以在发送EDI文件时，必须将其转换为统一的EDI标准格式才能进行传输。尽管EDI的应用提高了单证制作和文件处理的准确性，降低了成本，极大地促进了贸易的发展，但其通信系统的建设成本高昂，使用VAN的费用也很高，这使得中小企业难以承担，从而限制了EDI在电子商务中的广泛应用。

2.基于Internet的电子商务

20世纪90年代，Internet不再局限于科技、教育和国防领域，开始了规模化的商务应用。它凭借开放性和用户界面的易用性，引领商务应用迈入了一个崭新的阶段。20世纪90年代中期以后，Internet迅速普及，电子商务随之成为互联网应用的最大热点。互联网的商业应用也推动了其自身的飞速发展。例如，美国戴尔（Dell）公司建立了直接面对消费者的网络直销模式，亚马逊（Amazon）网上书店和eBay拍卖网站也凭借电子商务取得了巨大成功。

进入21世纪后，电子商务领域涌现出了更多新的模式，其中，以阿里巴巴为代表的企业间（B2B）电子商务，以及以天猫、淘宝为代表的面向消费者的（B2C和C2C）电子商务平台，均在全球范围内产生了深远影响。此外，电子商务领域还涌现出了诸多新的发展趋势：电子政务服务与政府的管理和采购紧密结合，发展势头强劲；移动电商与个人手机通信相融合，给用户带来了前所未有的便捷体验；跨境电商更是异军突起，成为电子商务发展的新热点，为行业注入了新的活力。

3.基于3G、4G、5G的移动电子商务

基于3G、4G、5G的移动电子商务是随着移动通信技术的不断进步而发展起来的。从3G到5G，移动通信技术给移动电子商务提供了越来越强大的技术支撑和更广泛的应用场景，智能手机、平板电脑的普及使移动电商的发展极为迅速，改变了很多基于互联网的电子商务规则。

2018年，我国三大电信运营商启动了5G网络的建设工作，并在2019年11月1日正式推出了5G商用套餐。全球移动通信系统协会（GSMA）于2024年发布的《中国移动经济2024》报告数据显示，截至2023年年底，中国的5G连接数已突破8亿大关，预计这一数字将在2030年超过16亿。5G技术的迅猛发展预计将为中国经济注入强劲动力，到2030年有望带来近2 600亿美元的经济增收。展望未来，随着5G网络的持续普及和各类应用场景的不断拓展，移动电子商务将迎来一个前所未有的发展机遇，其发展前景将更加广阔。

4.基于新兴技术的智慧电子商务

基于新兴技术的智慧电子商务，是当下电商行业发展的新趋势。它融合了人工智能、大数据、云计算、物联网和区块链等新兴科技，打造更加智能化、个性化的购物体验。在这个体系中，人工智能不仅优化了客户服务，通过智能对话系统实时解答消费者的疑问，还利用机器学习算法实现精准营销，根据用户历史行为推送定制化商品推荐。大数据则助力电商平台“绘制”详尽的用户画像，为运营优化和策略制定提供数据支撑。云计算使得电商平台“绘制”灵活应对高并发访问，确保系统稳定运行，同时支持大规模数据处理与分析，提升决策效率。物联网技术的应用，则让商品追踪、库存管理等环节更加透明高效，降低了物流成本，提升了用户体验。区块链技术为电商交易增添了安全砝码，能确保交易信息的真实性与不可篡改性。

智慧电子商务还不断探索跨境电商、社交电商等新模式，拓宽市场边界，满足消费者的多元化需求。随着技术的持续迭代与创新，智慧电商将带来更加沉浸式的购物体验，如虚拟现实试衣、加强现实产品展示等，让消费者在家就能享受如临实体店般的购物乐趣。基于新兴技术的智慧电子商务不仅推动了产业的转型升级，更为经济社会的全面发展注入了新的活力与动能。未来，它将继续引领行业变革，开启电子商务发展的新篇章。

1.3 电子商务的分类

电子商务涉及的领域和应用范围很广，按照不同的分类标准，电子商务的分类方法也不同，具体见表1-3。

表1-3 电子商务的分类

分类标准	类型
参与主体	B2C，B2B，C2C，C2B，B2G
网络支撑平台	企业内部网、企业外部网、互联网
商务活动的运作方式	完全电子商务、不完全电子商务
交易的地域范围	本地电子商务、区域电子商务、国家电子商务、国际电子商务

1.3.1 按参与主体分类

电子商务通常在三类交易主体之间进行，即企业（Business）、政府部门（Government）和个人消费者（Consumer）。按信息在这三类交易主体之间的流向，电子商务可以分为如下几种类型：

1.企业与个人消费者之间的电子商务

企业与个人消费者之间的电子商务（Business to Consumer，B2C）是指企业与客户之间通过Internet进行产品、服务及信息交换的电子商务模式。B2C模式是我国最早产生的电子商务模式，基本表现形式为在线零售。在B2C模式中，企业通常在网上搭建自己的Web站点，用来宣传或销售产品或服务，形成网上商店。个人消费者通过访问网上商店，浏览商品，进行网上购物或接受服务（远程教育、在线医疗等）。典型的B2C电子商务网站有亚马逊、当当网、京东商城和天猫商城等。

2.企业与企业之间的电子商务

企业与企业之间的电子商务（Business to Business，B2B）是指企业与企业之间通过专用网或互联网进行商品、服务或信息的交换与买卖的一种电子商务模式。在B2B电子商务框架下，企业能够借助电子化的交易手段高效地完成订单处理、支付、物流以及客户服务等一系列商业流程。这种商务模式不仅简化了交易过程，还通过电子商务的桥梁作用，将有业务往来的企业紧密相联，形成一个网上的虚拟企业生态圈，促进企业间的协同合作与信息共享。B2B是目前应用较广泛的一种电子商务类型，参与的企业不仅有生产企业（如海尔、戴尔等），还有许多其他类型的企业，如批发商、零售商、物流公司等。这些企业通过B2B电子商务平台开展商品的采购、销售、物流等商业活动，以降低交易成本，提高市场竞争力。B2B网站的典型代表有阿里巴巴、中国制造网、慧聪网和敦煌网等。

3.个人消费者与个人消费者之间的电子商务

个人消费者与个人消费者之间的电子商务（Consumer to Consumer，C2C）是个人消费者之间通过网络商务平台实现交易的一种电子商务模式。这种模式的核心在于提供了一个开放、平等、互动的交易环境，去除了传统交易中的中间环节，降低了交易成本，提高了交易的灵活性和效率，既让个人消费者有机会出售自己不再需要的闲置物品，实现资源的再利用，又为那些有创业想法的个人提供了一个低门槛、高效率的网店开设途径。

C2C电商模式不同于B2C（企业对消费者）或B2B（企业对企业）电商模式，其强调个人之间的交易，为个人用户提供便捷、高效的在线交易环境。C2C网站的典型代表有淘宝网、闲鱼网等。

4.个人消费者与企业之间的电子商务

个人消费者与企业之间的电子商务（Consumer to Business，C2B）是一种先由消费者提出需求，后由生产商或商贸企业按需求组织生产或货源的一种电子商务模式。C2B电子商务又可以分为消费者群体主导的C2B和消费者个体参与定制的C2B。

消费者群体主导的C2B模式通过集中消费者的需求，协调商家进行批量生产或整合货源，进而让利于消费者。团购正是这一模式的一个典型代表。团购通过把分散的消费者及其购物需求汇聚起来，形成大规模的购买订单，这样消费者就能享受到商家的优惠价格。同时，商家也能从大批量订单中获得薄利多销的益处，实现了消费者与商家之间的互利共赢。团购有时也被称为C2T（Consumer to Team）模式，强调消费者群体力量的汇聚与利用。

消费者个体参与定制的C2B也称为深度定制，在这种模式下，消费者全面参与到产品的定制过程中，确保企业能够精准满足消费者的个性化需求。当这种模式应用于制造厂商时，也常被称作C2M（Consumer to Manufactory）模式。在当前的市场中，服装、鞋类、家具等行业已经较为成熟地运用了这种深度定制模式，为消费者提供高度个性化的产品选择和服务体验。

5.电子政务

电子政务是指运用计算机、网络及通信等现代信息技术，对政府组织结构和工作流程进行优化与重组，打破时间、空间及部门分隔的限制，从而构建的一种精简高效、廉洁公正、运作透明的政府工作模式。通过这一模式，政府能够全面、高质量地向社会提供规范化、透明化且符合国际水准的监管与服务。

电子政务的应用范围极为广泛，几乎涵盖了传统政务活动的所有领域。根据服务对象的不同，电子政务可以划分为三大类别：政府与企业之间的电子政务（Government to Business，G2B）、政府与公民之间的电子政务（Government to Citizen，G2C）以及政府与政府之间的电子政务（Government to Government，G2G），具体如图1-2所示。

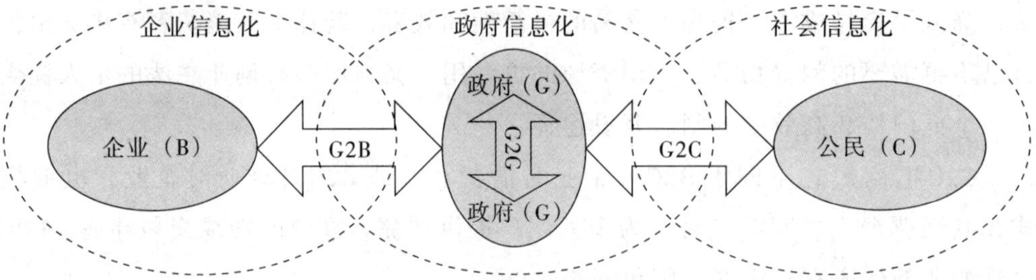

图1-2 电子政务的分类

G2B涵盖了政府与企业间的多项事务，如政府采购、税收管理、商检流程、社会保障服务以及管理条例的发布等。通过互联网，G2B模式使得政府与企业之间的信息交换变得便捷高效。政府作为采购方，能够在线发布采购清单，确保采购过程公开、透明、高效且廉洁；同时，政府还能利用电子商务手段，更及时、全面地对企业实施宏观调控，提供指导规范，进行监督管理，并获取所需信息以做出正确决策，从而更好地履行其管理与服务的职能。例如，中国政府采购网和各地方税务局的网上报税服务厅等都属于G2B模式的电子政务。

G2C模式涵盖了政府与个人间的多项事务处理，主要涉及政府对个人的电子商务及业务服务。当前，此类电子商务活动还不多，但其应用前景广阔。在居民的日常生活中，登记注册、信息统计、户籍管理、个人所得税及其他契税的征收、养老金与失业救济金的发放，以及各类社会福利的提供，都是政府部门与公众个人之间交互的主要内容。随着我国社会保障体系的日益完善和税制改革的不断推进，政府与个人之间的直接经济互动将日趋增多，G2C模式的电子政务网站将成为个人获取政府发布的信息、了解政策动态的重要途径。例如，住房公积金管理中心网站为公众提供了便捷的公积金查询和管理服务，而交管12123App则让车主能够轻松处理交通违章、预约驾考等事务。

G2G指的是政府与政府之间的电子政务活动。这种模式涵盖了上下级政府、不同地方政府以及不同政府部门之间的电子政务互动。通过G2G电子政务平台，实现政府间各种业务流程的在线处理，如计划管理、经济管理、社会经济统计、公安、国防、国家安全等领域的信息交流和业务协同。

1.3.2 按网络支撑平台分类

按所利用的计算机网络划分，电子商务主要分为基于企业内部网（Intranet）、企业外部网（Extranet）、互联网（Internet）三种类型的电子商务。

1.基于企业内部网的电子商务

基于企业内部网的电子商务是企业在其内部专用网络上开展的电子商务活动。这种电子商务模式利用互联网技术和产品，搭建起一个安全、高效、集成的企业内部信息平台。通过企业内部网，企业能够实时共享和更新生产经营中的各类信息，包括生产计划、库存状况、销售数据等，从而实现信息的快速传递和有效管理。在基于Intranet的电子商务环境中，企业可以方便地开展在线会议、项目协作、文件共享等活动，极大地提高了内部沟通和协作的效率。

企业内部网可为企业提供一个安全可靠的交易环境，支持内部采购、销售、支付等业务流程的自动化处理。企业内部网还承载着丰富的产品设计资源和庞大的企业数据库，为企业的产品研发、市场营销、财务管理等提供有力的数据支持。这种电子商务模式不仅可以优化企业的内部管理流程，还可以保障企业内部有关信息的安全，提升企业的整体运营效率和竞争力。目前，国内一些知名企业，如海尔、联想等，已经利用Intranet网络构建起了集生产、管理、资金划拨等多功能于一体的网络集成管理系统，开展企业内部电子商务活动。

2.基于企业外部网的电子商务

企业外部网实现了企业内部网的外部拓展与联通，加速并优化了企业间或同一企业不同地域分支间的业务联系。作为企业内部网的延伸，企业外部网不仅具有内部网的信息集成与管理优势，还打破了企业边界，实现了跨组织的信息共享与流程协同。随着现代信息技术的飞速进步，企业联盟、合作伙伴间纷纷构建起相互连接的企业外部网，以提升合作效率。

基于企业外部网的电子商务是企业利用互联网技术，在保障安全的前提下，与供应商、客户、合作伙伴等外部实体进行高效业务往来的新型商务模式。利用基于企业外部网的电子商务平台，企业能够实时交换订单、库存、物流等关键业务信息，加快供应链响应速度，降低运营成本。企业外部网通常部署于防火墙之后，采用加密技术、身份验证等多重安全措施，可以有效抵御外部威胁，保障商务活动的顺利进行。因此，基于企业外部网的电子商务平台能够提供一个安全、私密的在线交易环境，确保商业机密与交易安全。

基于企业外部网的电子商务还促进了企业间的紧密合作与资源共享，有助于构建稳定的商业生态系统。它使得企业能够更灵活地应对市场变化，快速响应客户需求，从而在激烈的市场竞争中占据有利地位。

3.基于互联网的电子商务

基于互联网的电子商务是指依托全球互联的Internet广泛开展的各类电子商务活动。在这个平台上，形式多样、种类繁多的电子商务业务蓬勃发展，覆盖了从在线产品信息的详尽发布到便捷的在线订货流程，再到高效的物流管理等众多领域。这一模式的开放性与包容性，使得全球范围内的每一个企业和个人都能轻松参与，共享电子商务带来的无限商机与便利。

基于互联网的电子商务具有交易主体庞大、交易范围广泛、交易过程完整等特点。它不受地域范围的限制，既能在全球市场的广阔舞台上大放异彩，也能深耕特定的地域或行业市场，展现出非凡的灵活性。互联网的强大功能，如电子邮件的即时通信、电子公告和新闻组的广泛传播、在线交谈的实时互动、文件传输的便捷高效、远程登录的灵活操作以及信息检索的快速精准，为各类商务活动提供了坚实的技术支撑，使得电子商务几乎囊括了贸易活动及其相关行政作业的所有环节。

互联网，作为一个开放而包容的网络平台，凭借其全球性、互动性、联结便捷、低成本联结、信息资源丰富及表现形式多样、使用简便等独特优势，吸引了从企业到政府部门、社会团体乃至普通消费者的广泛参与，构建起了一个极其庞大的用户群体。然而，互联网的开放性也伴随着一定的安全风险。因此，在开展电子商务的过程中，我们必须高度重视安全技术的研发与应用；同时，不断完善与电子商务相关的政策与法规，以确保电子商务活动的安全、有序进行。

1.3.3 按商务活动的运作方式分类

根据电子商务活动的运作方式，或者说根据电子商务交易过程是否可以在网络上完整地进行，电子商务可以划分为完全电子商务和不完全电子商务。

1. 完全电子商务

完全电子商务又称直接电子商务，指的是整个交易过程中的信息流、资金流、商流和物流都能够通过电子商务方式来实现和完成的交易类型。在完全电子商务情境中，供求双方可以直接在网络上完成联机订购或申请服务、进行付款以及交付，所有这些交易活动都在网络上进行，无须依赖任何其他手段。值得注意的是，完全电子商务的交易对象主要限于无形产品和网上信息服务，如计算机软件、网络版书刊、各类娱乐内容（包括影视、游戏、音乐节目等）、电子订票、远程教育。目前，这一领域已经发展出了多种商务模式，如网上订阅（涵盖在线服务、在线出版、在线娱乐等）以及付费浏览等。

2. 不完全电子商务

不完全电子商务也被称为间接电子商务，指的是那些无法完全依赖电子商务方式来完成整个交易过程的情形。这类交易往往需要借助一些外部要素，如有形商品的交付，仍然需要依赖传统的运输方式来完成。例如，消费者在网上购买了图书等实物商品后，商品的实际交付通常需要通过邮政快递等运输方式来完成，这就使得整个交易过程处于不完全电子商务的状态。

由于非数字化的商品无法在网络上直接供货，因此需要借助其他外部辅助系统（如运输系统、邮政系统等）来完成货物的运输与递送。为了弥补这一不足，专门的物流配送中心成为这类电子商务的重要补充，它们的主要作用就是完成交易所欠缺的货物交付过程，从而使这类交易在形态和功能上更加接近完全电子商务。

1.3.4 按交易的地域范围分类

根据交易的地域范围，电子商务可以划分为本地电子商务、国内（或境内）电子商务以及全球电子商务三大类。

本地电子商务主要指的是在城市或地区内部开展的电子商务活动。其覆盖的地域范围相对较小，构成了国内（或境内）及全球电子商务发展的基础。

国内（或境内）电子商务是指在一个国家（或特定关税区）内部开展的电子商务。这类电子商务涉及的地域广泛，对软硬件设施和技术水平有较高要求，需要实现全国（或全境）范围内的商业电子化、自动化以及金融电子化，交易各方也需具备一定的电子商务知识和技能。

全球电子商务又称跨境电子商务或跨境电商，指的是在全球范围内开展的电子商务活动。这类交易涉及多个国家的海关、金融、税务、运输、保险等系统，业务内容复杂且数据交换频繁。因此，全球电子商务对电子商务系统的要求极为严格，必须确保系统的准确性、安全性、可靠性，并需要制定全球统一的电子商务标准和贸易协议来保障交易的顺利进行。

1.4 电子商务的典型应用

作为现代信息技术发展的产物，电子商务功能全面而强大，深度整合了企业运营与消费者需求的各个环节，为企业和消费者构建了一种无缝连接的商业生态。它集广告宣传、咨询洽谈、在线订购、网上支付、电子账户管理、服务传递、交易流程管理以及客户意见征询等多种功能于一体。目前，电子商务的应用已经渗透到了社会生活的各个领域，如教育、医疗、旅游、农业、银行、保险、证券、电信、交通、外贸、流通、信息服务、制造、新闻以及政府机构等。接下来，我们简要介绍几种新兴的电子商务应用。

1.4.1　在线教育

在线教育，也称为远程教育或网络教育，是指为了教育目的、培训需求及知识管理而进行的在线信息传递。这种教育模式下的教与学不受时间、空间及地点等条件的束缚，使得知识的获取更加灵活且渠道多样化。

近年来，我国在线教育市场蓬勃发展，既有传统教育与互联网的深度融合，也有互联网巨头积极布局在线教育领域，从而逐渐演化出了多种不同类型的在线教育商业模式。从电子商务模式的角度出发，在线教育一般可以分为以下几种类型：

1.B2C在线教育模式

B2C在线教育模式指的是企业向个人提供教育培训服务的交易模式，是在线教育领域最常用的商业模式之一。在这种模式下，教育机构或平台作为服务提供者，直接面向消费者（即学生或学习者）提供教育服务。学生可以通过互联网访问这些平台，选择并购买自己感兴趣或需要的课程和服务。

采用B2C在线教育模式的平台，凭借其庞大的用户基数，坐拥广阔的市场空间，用户规模动辄以亿计，这一显著优势使得该模式成为资本追逐的热点。这些平台精心打造多元化的在线课程，提供全方位服务，旨在满足各类学习者的多元化需求。正是得益于其庞大的用户群体、卓越的教育资源以及量身定制的学习体验，B2C在线教育模式在教育行业中稳居领先地位，发挥着举足轻重的作用。

2.C2C在线教育模式

C2C在线教育模式，即消费者（教育者）对消费者（学习者）的教育服务模式。在这种模式下，教育者通过网络的方式，以视频、音频、文字等形式直接为学习者讲授知识，并进行远程学习辅导。同时，教育者直接从学习者处收取报酬，并直接对学习者负责，无须通过任何第三方机构（如学校或培训机构等）。

C2C在线教育模式常被用于通识类课程的教学，通过汇聚众多个体的力量，为平台提供更加全面丰富的内容资源。以“荔课”为例，它就采用了学习与分享相结合的C2C模式。荔课是一个集知识分享、学习互动、知识变现于一体的综合性C2C在线教育平台。它通过丰富的内容、多样的传播形式、精准的推广策略以及完善的运营服务，为用户提供高质量的学习体验；同时，为讲师提供了一个实现知识变现的网络平台。

3.O2O在线教育模式

O2O在线教育模式有效融合了线上与线下的学习和教育资源，通过互联网技术构建平台，让学生能够在线支付课程费用，并在线下体验实体教育服务。这类平台通常汇集了大量机构和教师的信息，便于用户高效筛选并拓宽选择范围，同时也给中小型教育机构带来了更多流量。随着大数据、人工智能等技术的持续进步，O2O教育平台正不断加强技术创新，提升用户体验和服务品质。

4.B2B在线教育模式

B2B在线教育模式，即企业间的在线教育平台，是一种通过互联网技术将教育机构与需求方（如企业、学校等）进行高效对接的商业模式。B2B在线教育模式利用互联网技术和数字化教育资源，将教育机构提供的教育内容、教学工具和服务直接对接给有学习需求的企事业单位，以满足其员工培训、知识更新等需求。

1.4.2 在线医疗

在线医疗也称为互联网医疗，是指通过互联网技术，创新性地提供医疗服务与健康管理的新型医疗范式。它专注于服务C端（即消费者端，Consumer），通过多元化的形式，围绕“疾病”管理、“药品”供应及“内容”教育三大核心领域，全面开展健康服务。在线医疗以其独特的便捷性、高效性与个性化特点，正逐步成为现代医疗体系中的重要补充，给广大消费者带来了前所未有的医疗体验与健康福祉。

在线问诊是在线医疗的主要形式。目前，在线问诊的模式主要有轻问诊模式、视频问诊模式、导医导药模式等。

1.轻问诊模式

轻问诊模式是指通过便捷、快速的线上咨询方式，为患者提供初步的医疗健康咨询服务。轻问诊模式主要依托互联网医疗平台，通过文字、图片、视频等方式，实现医患之间的远程交流。患者可以在平台上描述自己的病情症状，医生则根据描述进行初步的诊断和建议。轻问诊模式特别适合轻度疾病诊断、慢性病管理以及健康咨询等场景。例如，患者可以在平台上咨询关于日常小病、慢性病管理、健康生活方式等问题，医生可以根据患者的描述提供初步的诊断和建议。轻问诊平台还提供丰富的健康教育内容，帮助公众提升健康意识，树立以疾病预防为主的理念。

2.视频问诊模式

视频问诊模式是一种利用互联网技术，通过视频通话的方式进行远程医疗咨询和诊断的服务模式。视频问诊实现了医患之间的“面对面”交流，医生可以通过视频观察患者的表情、动作等，更直观地了解患者的病情。患者无须亲自前往医院，只需通过手机、电脑等终端设备即可进行视频问诊，节省了时间和精力。在偏远地区或医疗资源匮乏的地方，视频问诊可以为患者提供专业的医疗咨询和诊断服务。但是，视频问诊需要稳定的网络连接和高质量的视频通话设备，这对一些地区或患者来说可能存在一定的困难。

3.导医导药模式

导医导药模式是一种结合了在线问诊与线下医疗服务的创新模式，旨在为患者提供更加便捷、高效的医疗健康服务。导医模式通过在线问诊平台，将需要深入诊疗的患者引导至线下医疗机构进行进一步的诊断和治疗。医院或医疗机构向在线平台支付佣金作为回报。导药模式是指在线问诊平台根据患者的购药需求，将患者引导至合作的药店或在线药房进行药品购买。平台根据导流量或患者在药店的消费情况抽取佣金。导医导药模式通过在线问诊平台将患者与线下医疗机构、药店连接起来，为患者提供更加便捷、高效的医疗健康服务。然而，随着导医导药模式的不断发展，我们也需要关注并解决资质、隐私保护、营利模式等方面的问题。

1.4.3　在线旅游

在线旅游是指依托互联网和相关技术手段，为消费者提供旅游信息查询、咨询、旅游产品或服务预订、旅游攻略交流等内容的旅游电子商务。在线旅游行业通过整合旅游产业链中的各个环节，如航空公司、铁路公司、酒店、民宿、景区等，为消费者提供一站式旅游服务。其服务内容涵盖交通预订（机票、火车票、汽车票及租车服务等）、住宿预订（酒店、民宿、客栈等）、度假产品（跟团游、自由行、定制游等）、门票预订以及旅游保险、签证服务、旅游金融等增值服务。

按照交易类型划分，旅游电子商务可以分为旅游电子商务B2B模式、旅游电子商务B2C模式和旅游电子商务C2B模式。

1.旅游电子商务B2B模式

旅游电子商务B2B模式是指旅游企业之间通过互联网进行产品、服务及信息交换的一种电子商务模式。其主要参与者包括旅游供应商和旅游分销商。

旅游供应商包括酒店、航空公司、旅游景区等，它们通过B2B平台向旅游分销商提供旅游产品和服务。例如，酒店供应商可以在B2B平台上发布房间库存、价格、优惠政策等信息，供旅行社等分销商预订。旅游供应商提供的产品和服务具有多样性，如不同类型的客房、航班座位、景区门票等，以满足不同旅游分销商的需求。

旅游分销商主要有旅行社、在线旅游代理商（OTA）等，它们在B2B平台上采购旅游产品，整合包装后销售给终端消费者。例如，旅行社可以在B2B平台上搜索并预订适合不同客户需求的酒店、机票和旅游套餐，再进行组合销售。旅行社作为传统的旅游分销商，具有丰富的行业经验和较强的旅游策划能力。在线旅游代理商则凭借技术优势和庞大的用户基础，在旅游电子商务B2B领域中占据重要地位。

旅游电子商务B2B模式通过互联网技术实现了信息的快速传递和交易的自动化处理，大大提高了旅游企业之间的交易效率。例如，旅行社可以在B2B平台上实时查询酒店房间库存和价格，快速完成预订，减少了传统电话、传真等方式的烦琐流程。B2B平台还可以提供数据分析和报表功能，帮助旅游企业更好地管理业务，做出更明智的决策。

2.旅游电子商务B2C模式

旅游电子商务B2C模式是指旅游企业通过互联网直接面向消费者销售旅游产品和服务的一种电子商务模式。其主要参与者包括旅游产品和服务提供商及消费者。

旅游产品和服务提供商包括旅行社、酒店、航空公司、旅游景区等。这些企业通过自己的官方网站或第三方旅游电商平台，将旅游产品直接展示给消费者，供其选择和购买。例如，某酒店集团通过自己的官方网站，向消费者提供酒店房间预订服务。消费者可以在网站上查看酒店的房型、价格、设施等信息，并直接进行预订。

消费者即旅游产品和服务的最终使用者，他们可以通过电脑、手机等设备，访问旅游电商平台或旅游企业的官方网站，浏览和比较不同的旅游产品，选择符合自己需求的产品进行购买。例如，消费者计划去旅游，他可以在旅游电商平台上搜索目的地的酒店、机票、旅游景点门票等产品，比较价格和参考评价后，进行预订和支付。消费者可以随时随地通过互联网访问旅游电商平台或旅游企业的官方网站，浏览和购买旅游产品，无须亲自前往旅行社或旅游景点进行预订。这种便捷性大大提高了消费者的购买效率，节省了其时间和精力。

随着旅游电子商务的发展，越来越多的企业进入这个领域，竞争日益激烈。旅游电商平台和旅游企业需要不断创新和提升服务质量，才能在激烈的竞争中立于不败之地。例如，旅游电商平台可以通过个性化的推荐和服务、加强与旅游企业的合作、增强用户体验等方式，吸引更多的消费者。旅游企业则可以通过提高产品质量、优化服务流程、推出特色旅游产品等方式，提高自身的竞争力。

3.旅游电子商务C2B模式

旅游电子商务C2B模式是一种消费者对企业的旅游电子商务模式。在这种模式下，消费者占据主导地位，他们根据自己的需求和偏好，主动向旅游企业提出个性化的旅游产品和服务定制要求。旅游企业则积极响应，根据消费者的具体需求，提供定制化的旅游产品和服务。这种以消费者为中心的服务方式，能够更精准地满足消费者的个性化需求，进而提升他们的满意度。

在C2B模式下，消费者可以根据自己的预算和期望，提出价格要求。旅游企业则会根据自身的成本结构、市场状况以及利润空间，进行报价和协商，以期达成一个双方都满意的价格协议。鉴于消费者需求的多样性和个性化特点，旅游企业在响应这些需求时，常常会遇到需求匹配上的挑战。为此，旅游企业必须拥有较强的资源整合能力和产品设计能力，才能满足消费者的个性化需求。

旅游电子商务C2B模式是一种具有创新性和发展潜力的旅游电子商务模式。它能够满足消费者的个性化需求，提高消费者的参与度和满意度，同时能够帮助旅游企业降低成本，提高效率。然而，C2B模式也面临着需求匹配难度大、价格协商困难、服务质量难以保证等挑战，需要旅游企业和消费者共同努力，加强沟通和协调，提高资源整合能力和服务管理能力，这样才能实现C2B模式的可持续发展。

本章小结

本章内容主要是电子商务的基础知识，阐述了电子商务的基本概念，对比了电子商务与传统商务之间的差异，归纳了电子商务的多样化类型，并列举了电子商务领域的几个典型应用场景。

思考与练习

1.什么是电子商务?

2.电子商务的特点有哪些?

3.电子商务的发展大致可以划分为哪几个阶段?

4.电子商务有哪些分类方法?它们是如何分类的?

5.电子商务的应用类型有哪些?举例说明。

6.什么是电子政务?电子政务有哪些类型?

第2章

电子商务基础知识

学习目的与要求

掌握电子商务的基本要素、框架结构和运作流程；

了解网络经济的基础理论；

掌握电子商务的商业模式、定价模式等；

熟悉电子商务相关的互联网基础知识；

了解大数据、人工智能等新一代信息技术的概念和应用。

素养目标

能够运用电子商务知识进行案例分析，理解电子商务在实际操作中的应用及效果；能够在电子商务活动中探索新思路、新方法，对新兴的电子商务模式进行思考和分析，形成自己的见解和判断，从而树立远大的理想，为实现强国之梦打下坚实的基础。

2.1 电子商务的系统框架

2.1.1 电子商务系统的组成

电子商务系统包括电子商务网络系统、供应方和需求方、认证机构、网上银行、物流中心、电子商务服务商等，如图2-1所示。

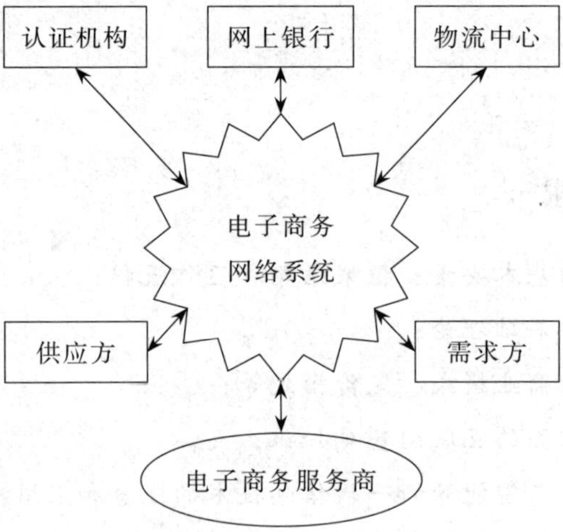

图2-1 电子商务系统的组成

电子商务网络系统提供电子商务活动的基础平台，连接供应方、需求方、认证机构、网上银行、物流中心和电子商务服务商等各个参与方，实现信息的传输、交换和处理，确保信息能够在不同主体之间顺畅地流通。电子商务网络系统包括互联网、通信协议、服务器和数据中心等。互联网是电子商务网络系统的核心，提供了全球范围内的连接性。企业和消费者可以通过互联网访问电子商务平台，进行商品浏览、交易和信息交流。通信协议如HTTP、HTTPS等，确保信息在网络中的正确传输和解释。服务器和数据中心存储和处理电子商务相关的数据，包括商品信息、用户资料、交易记录等。

供应方和需求方统称为电子商务用户，包括个人用户和企业用户。供应方是提供商品或服务的企业或个人。在电子商务中，供应方可以是制造商、批发商、零售商，其主要活动包括商品生产或采购、商品信息发布、订单处理和售后服务等。需求方是购买商品或服务的消费者或企业，其主要活动包括商品搜索和比较、下单和支付、收货和评价等。

认证机构负责发放和管理数字证书，对参与电子商务的企业和个人进行身份认证，以使网上的交易各方能够相互确认身份。数字证书是一个包含证书持有人个人信息、公开密钥、证书序列号、有效期、发证单位的电子签名等内容的数字凭证文件，用于加密和签名电子交易中的信息，防止信息被篡改和伪造。

网上银行为电子商务交易提供安全、便捷的支付手段，实现资金的转移和结算，确保交易双方的资金安全。

物流中心接受商家的送货要求，负责商品的存储、运输和配送，确保商品能够及时、准确地送达消费者手中。

电子商务服务商一般指为电子商务活动提供网络接入服务、信息服务及应用服务的信息技术企业或机构，如互联网服务提供商（Internet Service Provider，ISP）、互联网内容提供商（Internet Content Provider，ICP）、应用服务提供商（Application Service Provider，ASP）等。

2.1.2 电子商务的框架结构

许多人将电子商务狭隘地理解为建立Web网站或公司门户网站，然而，电子商务的实际应用远不止于此，其涵盖的范围非常广泛。要成功地实现这些多样化的应用，就必须依赖一系列合适的信息资源、完善的基础设施以及高效的支持系统。

深入地探讨电子商务系统的框架结构，我们可以发现它一般由两大支柱、五层次结构组成，它们各司其职，共同支撑起电子商务的庞大体系。在两大支柱和五层次结构的支持下，电子商务的应用领域涉及方方面面，如网上购物、网上银行、网络广告、网上娱乐、视频点播、信息增值服务和供应链管理等。

两大支柱分别是：有关电子商务的国家政策及法律法规；各种技术标准和网络协议。五个层次分别是：网络基础设施层；多媒体内容和网络表示层；报文和信息传播的传输层；贸易服务设施层；电子商务应用层。这些组成部分之间存在紧密的相互关系和协作机制，确保整个系统能够顺畅、高效地运行。其体系框架归纳如图2-2所示。

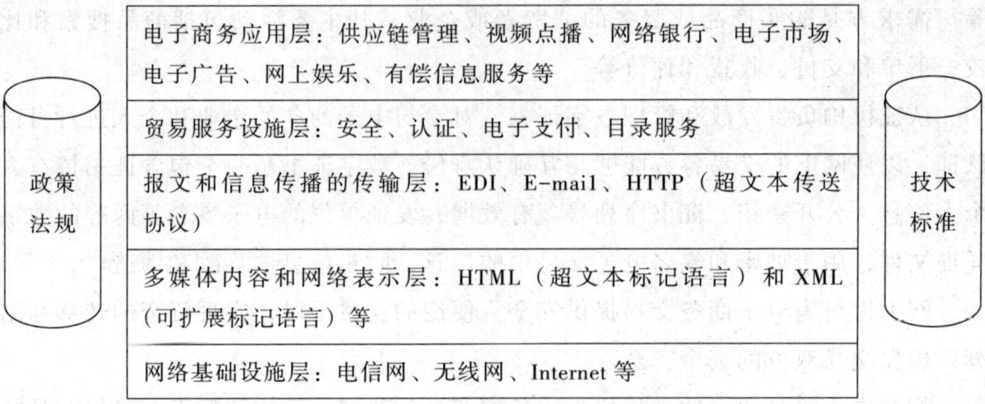

图2-2 电子商务系统的框架结构图

1.两大支柱：政策法规和技术标准

第一个支柱是政策法规。尽管电子商务主要是通过网络开展业务活动，但它依然离不开现实社会，健康、有序的社会环境对于电子商务的健康发展非常重要，这一环境需要专门的法律法规来支撑。例如，在电子商务交易中，当双方出现纠纷时，电子契约（包括电子订单、电子合同等）能否作为有效的法律证据，便需要明确的法律规定。电子商务的发展还需要相应的政策支持。这些政策可能涉及税收优惠、资金支持、市场准入等多个方面，旨在为电子商务创造一个更加宽松、有利的发展环境。

第二个支柱是技术标准。技术标准定义了用户接口、传输协议、信息发布规范等一系列技术细节。在网络环境中，标准对于保证兼容性和通用性十分重要。想象一下，如果每个网站或应用都使用自己的独特格式和协议，那么用户在进行电子商务活动时将会遇到极大的障碍。因此，我们需要有统一的数据和格式约定，以确保来自不同国家、不同行业的贸易伙伴的计算机能够识别和处理相同的商务活动数据或单证。电子商务技术标准的一个典型例子是电子数据交换（EDI）。EDI将商业或行政事务处理按照公认的标准转化成结构化的事务处理或信息数据格式，是电子商务的重要技术标准之一，主要用于企业之间的数据传输和处理。通过EDI，企业可以高效、准确地进行订单、发票、库存等信息的交换，从而提高交易效率，降低交易成本。

2.网络基础设施层

网络基础设施是支撑整个电子商务系统正常运行的硬件环境和运行平台，主要由网络平台、计算机主机和外部设备组成，这些组件共同构成了电子商务活动的物理基础。

网络平台作为信息传送的载体和用户接入的基础，涵盖了计算机信息网、基础电信网、增值网、广播电视传输网和无线通信网等多个方面。这些网络相互交织，形成一个庞大的信息传输网络，使得电子商务活动能够打破地域、时间限制，实现全球范围内的信息交流和资源共享。

在网络基础设施层中，计算机主机不仅是数据存储和处理的核心，还是电子商务系统各种应用软件的运行载体。通过计算机主机，电子商务系统能够高效地处理用户请求，实现商品的浏览、搜索、购买、支付等全过程。同时，外部设备如打印机、扫描仪、摄像头等也为电子商务活动提供了必要的输入、输出和采集功能。这些设备使电子商务系统能够便捷地与用户进行交互，提高了用户体验和满意度。

3.多媒体内容和网络表示层

在电子商务系统中，多媒体内容涵盖了文字、图像、动画、音效以及视频等多种形式的信息，这些信息共同构成了电子商务网站丰富多样的用户体验。通过巧妙地运用多媒体内容，企业可以更有效地展示其产品、服务和品牌形象，从而吸引并留住潜在客户。以下是几种典型的多媒体内容处理技术和工具。

HTML（Hyper Text Markup Language，超文本标记语言）是全球互联网中主要的信息内容制作工具。它不仅能够容纳文字、图像等多媒体内容，还能通过标签和属性将这些内容组织成易于检索和富有表现力的页面。通过HTML，开发者可以创建出具有吸引力的网页布局，使信息以直观、生动的方式呈现给用户。

Java作为一种跨平台的程序设计语言，具有广泛的适用性。它可以在各种网络、设备、操作系统和界面上运行，这使得Java成为电子商务系统开发的重要工具。通过Java程序设计，开发者可以构建出高性能、可扩展的电子商务应用，这些应用能够在不同的环境中运行，为用户提供良好的购物体验。

WWW（World Wide Web，万维网）是最常用的信息发布方式之一。通过将多媒体内容发布在Web服务器上，企业可以将自己的产品信息、服务内容以及品牌形象传递给全球范围内的用户。Web服务器是一种存储HTML文件的计算机，其他计算机可以通过互联网连入服务器并读取HTML文件。通过传输协议（如HTTP、HTTPS等），发布的信息可以迅速、准确地传送到接收者手中。

4.信息传播层

信息传播层在电子商务系统中负责处理系统外部信息的传输问题，主要通过两种交流方式来实现：非格式化的数据交流和格式化的数据交流。非格式化的数据交流为用户提供了更加人性化的沟通体验，而格式化的数据交流则确保了信息的准确性和高效性。这两种方式相互补充，共同构成了电子商务系统中信息传播层的核心功能。

非格式化的数据交流主要面向人，它提供了更加灵活和多样化的信息传递方式。这种交流方式包括但不限于E-mail（电子邮件）、P2P（点对点）和Blog（博客）等。这些工具允许用户以文本、图片、音频、视频等多种形式进行信息的发送和接收，从而满足了人们在日常生活中对于信息传递的多样化需求。在电子商务中，非格式化的数据交流常用于客户与商家之间的沟通，如咨询商品信息、反馈意见等。

格式化的数据交流主要面向机器，它更加注重信息的标准化和自动化处理。这种交流方式通常用于处理结构化数据，如订单、发票、装运单等。格式化的数据交流使得这些信息可以在不同的系统之间无缝传递和处理，大大提高了电子商务的效率和准确性。例如，EDI（电子数据交换）就是一种典型的格式化数据交流方式，它允许企业之间通过标准化的电子文档进行信息的交换和处理，从而实现了供应链管理的自动化。

5.贸易服务设施层

贸易服务设施层为特定商务应用（如网上营销与广告、网上购物、电子拍卖等）提供保障，是为了方便商务活动所提供的通用基础业务服务，如安全和认证、电子支付、物流配送和目录服务等。为了实现这些安全目标，电子商务服务设施层需要采用一系列先进的技术手段和管理措施，如使用加密技术来保护交易信息的机密性，采用数字签名和认证技术来确保交易双方的身份真实性和交易的完整性，建立严格的交易记录和审计机制来提供不可抵赖的证据。

6.电子商务应用层

电子商务应用是企业利用互联网开展商务活动的核心，也是电子商务系统的核心组成部分，涵盖了网上营销与广告、在线购物、网络采购与招标、电子拍卖、视频点播服务，以及提供有偿信息服务等多个方面。这些应用不仅丰富了企业的商务手段，也极大地提升了商务活动的效率和便捷性。

电子商务服务设施层与应用层之间的区别主要在于它们所提供的服务性质与功能的不同。服务设施层专注于提供一系列公共且通用的商务服务，如电子支付、电子认证和物流配送等。这些服务并不特定于某一业务领域，而是具有广泛的适用性，几乎成为所有企业开展电子商务活动的必备支撑。电子商务应用层更加注重满足某一企业特定的商务需求。它根据企业的个性化需求进行定制，旨在实现企业特定的商务功能，从而推动企业的业务发展。

2.1.3 电子商务的交易流程

电子商务中的任何一笔交易都包含“四流”，即商流、物流、资金流和信息流。随着网络技术和电子技术的发展，信息流、资金流与商流都不同程度地实现了电子化，可以通过各种通信网络传递，而物流仍然必须通过物理系统进行。

电子商务交易过程大致可以分为交易前的准备、交易谈判和签订合同、办理交易进行前的手续，以及交易合同的履行和索赔等阶段。

在网络环境下，虽然交易的一般程序没有改变，即包括交易前、交易中和交易后的几个阶段，但进行交易和联络的工具变了，要处理的信息形式变了，如从前的纸面单证变为现在的电子单证。这个阶段的一个重要特点就是信息流发生了变化（电子化），它的作用更大了。信息流不仅贯穿于商品交易的每一个环节，而且从更高层面记录着整个商品流通过程的每一步，成为分析物流、资金流以及制定经营决策不可或缺的重要依据。

1. 交易前的准备

交易前的准备主要是指买卖双方和参加交易的各方在签约前的准备活动。买方根据自己要买的商品准备购货款，制订购货计划，进行市场调查和市场分析，反复进行市场查询，了解各项贸易政策，反复修改购货计划和进货计划，确定和审批购货计划；再按计划确定购买商品的种类、数量、规格、价格、购货地点和交易方式等，尤其要通过互联网和各种电子商务网络寻找自己满意的商品和商家。卖方根据自己所销售的商品召开商品新闻发布会，制作广告进行宣传，进行全面的市场调查和市场分析，制定各种销售策略和销售方式，了解各个买方国家的贸易政策，利用互联网和各种电子商务网络发布商品广告，寻找贸易伙伴和交易机会，扩大贸易范围和商品所占的市场份额。其他参加交易的各方，如中介方、银行金融机构、信用卡公司、海关系统、商检系统、保险公司、税务系统、运输公司等，也都要为进行电子商务交易做好准备。

2. 交易谈判和签订合同

交易谈判和签订合同主要是指买卖双方对所有交易细节进行谈判，将双方磋商的结果以文件的形式确定下来，即以书面文件形式和电子文件形式签订贸易合同。电子商务的特点是可以签订电子贸易合同，交易双方可以利用现代电子通信设备和通信方法，认真地进行谈判和磋商，然后将双方在交易中的权利和义务，购买商品的种类、数量、价格、交货地点、交货期、交易方式和运输方式，以及违约和索赔等合同条款，全部以电子交易合同的形式做出全面详细的规定。合同双方可以利用EDI进行签约，也可以通过数字签名等方式签名。

3.办理交易手续

办理交易手续主要是指买卖双方签订合同后到合同开始履行之前办理各种手续的过程，也是双方进行贸易前的交易准备过程。交易中可能涉及中介方、银行金融机构、信用卡公司、海关系统、商检系统、保险公司、税务系统、运输公司等。买卖双方要利用EDI与有关各方进行各种电子票据和电子单证的交换，直到按合同规定办理完可以将所购商品从卖方向买方发货的一切手续为止。

4.交易合同的履行和索赔

交易合同的履行阶段从买卖双方办完所有手续之后开始。卖方要备货、组货，同时办理报关、保险、取证、信用证评估等手续，还要将所购商品交付给运输方包装、起运、发货。买卖双方可以通过电子商务服务器跟踪发出的货物；银行和金融机构也可以按照合同处理双方的收付款、进行结算、出具相应的银行单据等，直到买方收到自己所购商品，完成整个交易过程。索赔是买卖双方在交易过程中出现违约时需要进行的违约处理工作。

2.2 电子商务的经济学理论

2.2.1 网络经济的概念

网络经济是一种建立在计算机网络特别是互联网的基础上，以现代信息技术为核心的新型经济形态。它涵盖了信息技术产业的兴起、高新技术产业的崛起，以及高新技术在传统产业中的广泛应用，推动了经济的深刻变革和飞跃性发展。

网络经济也表现为一种高度信息化、数字化和智能化的经济模式。它强调信息的快速传递和共享，通过优化资源配置和提高生产效率实现了经济的高效运行和持续发展。网络经济不仅改变了传统产业的经营方式和商业模式，还催生了大量新业态和新模式，为全球经济发展注入了新的活力。

网络经济不是一种完全独立于传统经济之外、与之对立的“虚拟”经济形态。尽管其名称中包含了“网络”这一具有虚拟性质的元素，但网络经济的本质并非纯粹的虚拟。相反，它是在传统经济的基础上，借助以计算机为核心的现代信息技术进行升级和改造后形成的高级经济发展形态。

网络经济融合了传统经济与现代信息技术的优势，通过优化资源配置、提高生产效率、拓展市场边界等方式，实现了经济更高效、更便捷、更智能的发展。它不仅仅局限于互联网或信息技术的直接应用，更涵盖了这些技术在传统产业中的广泛应用和深度融合，从而推动了整个经济体系的深刻变革和持续升级。因此，我们不能简单地将网络经济视为一种与传统经济完全对立的“虚拟”经济，而应看到它是传统经济与现代信息技术相结合的产物，是一种更加高级、更加多元、更加开放的经济形态。

电子商务是网络经济的一种重要形式，它充分利用了互联网的技术和平台优势，打破了传统商业活动的时空限制，实现了商品和服务的在线交易和全球化流通。电子商务的快速发展不仅促进了网络经济的增长，还推动了网络经济的结构优化和产业升级。电子商务通过提高交易效率、降低交易成本、优化资源配置等方式，促进了网络经济的持续增长，带动了相关产业的发展，如物流配送、支付结算、信息安全等。

2.2.2　电子商务的商业模式

商业模式即企业经营的环境、企业需要实现的财务目标，以及在给定环境中实现既定的财务目标所需要的内部活动和能力。简单来说，商业模式就是赚钱的方法。商业模式是一个非常广泛的概念，企业的运营模式、盈利模式，或在电子商务中经常被提及的B2C、B2B都属于商业模式。本节介绍的商业模式主要是电子商务的盈利模式。

美国学者Rappa和Afuah将电子商务的盈利模式定义为：企业通过互联网渠道获取收入的方式，这种方式能够支撑企业的持续发展。在互联网上，根据收入方式的不同，电子商务的盈利模式大致可以分为以下几种：

1.代理模式

代理商是市场的促成者，它们负责将买方和卖方连接起来，并推动交易行为的进行。在代理模式中，参与双方可以是企业对企业（B2B）、企业对消费者（B2C）或消费者对消费者（C2C）。代理商通过成功撮合每一项交易，从中收取一定的费用作为报酬。

2.广告模式

广告模式是指企业在自己的网站上通过提供丰富的内容或特定的服务来吸引访问者，进而向在网站上投放广告的企业收取广告费用。这种模式是传统媒体广告在互联网领域的延伸和发展。在广告模式中，Web网站扮演着广告发布者的角色，它不仅提供如电子邮件、聊天室、论坛等内容和服务，还在页面上嵌入标题广告（如Banner广告）。这些标题广告有时会成为该网站公司主要的或唯一的收入来源。

网站公司既可以作为内容的创作者，也可以作为内容的发布平台。然而，广告模式的有效运作通常依赖于网站的高浏览量或高度专业化的内容定位。只有当网站拥有大量的访问者或专注于某一特定领域，能够吸引特定目标群体的关注时，广告商才愿意在此投放广告，从而确保广告模式能够持续且有效地为企业带来收益。

3.信息中介模式

信息中介模式是收集网上消费者和网上企业的信息，进行加工处理，然后提供或出售给企业和网上消费者。在此模式中，有关消费者及其购物习惯的信息极具价值，尤其是当这些信息被深入分析并用于指导市场定位活动时。某些公司能够通过收集信息并将其卖给其他公司的方式发挥信息中介的功能。一个信息中介可能会为用户提供免费的Internet访问或免费的硬件，作为交换，中介会获取关于用户在网络上浏览和购物习惯的信息。这种模式相较于单纯的广告模式更容易取得成功。

信息中介模式还可以提供信息匹配服务，帮助买卖双方找到合适的交易对象，并从中收取中介费用。

4.商贸模式

商贸模式是指批发商和零售商通过网络平台出售货物的一种模式，它模拟了传统商品和服务领域中批发商和零售商的运作方式，通过价格差或销售提成等方式获取利润。在这种模式下，销售活动可以基于列表价格进行，也可以采用拍卖的方式进行。

5.厂商模式

厂商模式是指制造商绕过批发商和零售商等环节，直接将产品出售给消费者，获取生产和销售的双重利润的模式。这种模式最能体现Web的强大力量，因为它使厂商能够直接接触消费者，从而压缩了分销渠道，省去了批发商和零售商的中间环节。

厂商模式不仅效率高（能够节约成本），还能提升客户服务水平，并帮助厂商更好地理解客户的喜好。对于易腐烂的产品，如鲜花，这种模式能够通过快速销售减少损耗，同时省去中介环节，使消费者也能从中受益。然而，厂商模式也可能与厂商已经建立起来的供应链产生潜在的渠道冲突。

6.会员模式

企业向消费者提供会员服务，会员可以享受特定的优惠或特权；企业则通过收取会员费、会员消费提成或其他相关费用来获取收入。这种模式在各行各业中广泛应用，旨在增强客户的忠诚度，促进重复消费，并为企业带来稳定的收入来源。

7.社区模式

社区模式是企业通过构建网上社区来吸引一定数量的参与者，并依赖这些社区成员来宣传和销售自己的产品和服务。该模式的存续依赖于用户的忠诚度，用户在网站上投入了大量的时间和情感。在某些情况下，用户还会定期提供内容和资金支持。如果网上社区拥有持续活跃的用户群体，就为广告、信息中介或专业化门户的入口提供了机会。此外，社区模式还可能通过提供服务收取一定费用。

社区模式主要包括以下两种：

（1）知识网络或专家网站

这类网站提供基于专家的信息资源或其他用户的经验分享。它们通常以论坛的形式开展，用户可以搜索信息、提出问题，并接收来自专家的答复。这些专家可以是受雇的职员、固定的志愿者，或者在某些情况下，仅仅是愿意在Web上回答问题的用户。

（2）自愿贡献者模式（有时被称为“NPR模式”）

这种模式通过用户团体的创建而形成，这些用户团体通过自愿捐赠来支持网站的运营。非营利组织可以通过寻求慈善组织的投资来支持其组织使命的实现。

8.订阅模式

订阅模式按照月、季或年的周期向访问者收取订购费用，以提供有价值的内容和服务。在这种模式下，用户需要为访问该网站支付费用。为了确保订阅模式的成功，提供高附加值的内容是最基本的要求。事实上，一般的新闻内容已经被证明不太适合采用订阅模式，因为它们往往难以提供足够的附加价值来吸引用户付费。

上述这些模式以不同的形式被实现，并且企业可以根据自身特点和市场环境，将不同的模式组合在一起，形成独特的电子商务策略。例如，广告模式可以与订阅模式相结合，通过展示广告吸引用户，并通过订阅服务留住用户，从而形成一个全面且有效的商业策略。

2.2.3 电子商务的定价策略

1.电子商务定价的基本原则

（1）服务于企业战略目标原则

企业自身的电子商务战略决定了其在不同发展阶段应追求的具体目标，其中，全局性的总目标尤为重要。在明确了总目标后，企业还需进一步细化并设定战略分目标，这些分目标更为具体且可量化，有助于企业更精确地实现其战略目标。在制定产品价格时，这仅仅是实现公司整体战略目标的一种手段。因此，电子商务产品的定价策略应当紧密围绕并服务于企业发展的总体战略目标。

电子商务定价的核心目的在于更好地赢得市场竞争，推动企业实现既定的发展目标，并达到自身期望的战略地位。因此，将企业战略作为电子商务定价的首要导向原则，对于确保价格策略与企业整体发展方向的一致性至关重要。

（2）市场导向原则

电子商务定价在很大程度上受到行业自身发展情况的影响。在行业发展初期，由于市场竞争相对较小、行业规模持续扩大，各企业均有较大的发展空间。在这个阶段，企业在制定价格时往往以利润最大化为主要目标，并依据市场供需状况来确定产品价格。这种定价方式基本上是基于企业的收益、成本和预期利润来确定价格。在实际操作中，企业通常采用加成定价法。

进入行业发展成熟期后，市场竞争变得日趋激烈，价格竞争成为企业常用的竞争手段。与初期相比，成熟期产品的定价普遍下降，企业开始比拼成本优势，市场竞争进入残酷的优胜劣汰阶段。因此，电子商务定价需要贴合行业发展情况，灵活调整价格策略，以适应市场的变化。

企业还需要深入分析市场数据，了解同类产品的价格区间、销量变化及消费者反馈，以制定和调整价格策略。这有助于企业更加精准地定位自己的产品价格，避免盲目跟风或定价过高/过低导致的市场份额流失。

（3）合法合规原则

电商企业在制定价格策略时，必须严格遵守国家相关法律法规，如《中华人民共和国价格法》《中华人民共和国反垄断法》等。企业不得实施价格欺诈、价格垄断等违法行为，以确保市场的公平竞争和消费者的合法权益。

2.常见的电子商务定价模式

（1）免费模式

在传统市场中，免费模式似乎是不可想象的，因为任何产品或服务的提供都需要付出相应的成本。然而，在电子商务时代，免费现象变得尤为普遍。从免费的电子邮箱、即时通信软件、杀毒软件到网络游戏，这些免费产品在网络上随处可见。

电子商务的免费模式主要被用作一种促销和推广手段。这种策略往往是短暂和临时的，旨在吸引用户并培养他们的使用习惯。一旦用户对这种产品或服务产生了依赖，企业就可以在后续阶段开始收费，因为已经形成的使用习惯很难改变。这有助于企业形成市场垄断，而这种市场垄断地位无疑可以为企业带来巨大的经济利益。

值得注意的是，虽然免费模式在电子商务中广泛应用，但它并非没有风险。企业需要精心策划和执行免费策略，以确保在吸引用户的同时也能够为后续的收费阶段打下坚实的基础。此外，企业还需要密切关注市场动态和竞争对手的动向，以便及时调整策略，保持竞争优势。

从经济成本的角度来看，免费并非毫无依据。电子商务技术深刻地改变了电子商务产品特别是那些可以数字化的信息产品的成本结构。对于这类产品而言，生产实质上就是复制，而复制产品的成本几乎可以忽略不计。在产品功能方面，复制出的产品与原始产品没有任何差别，因此其边际成本几乎为零。在数字化信息产品的领域，企业可以通过提供免费的产品或服务来吸引用户，进而通过其他方式（如广告、增值服务、数据分析等）实现盈利。这种免费模式在电子商务中得到了广泛应用，并成为一种有效的市场竞争策略。

（2）低价位模式

所谓低价位模式，是企业通过设定相对较低的价格来吸引消费者、增加销量，从而扩大市场份额。这种模式的核心在于通过成本控制和规模效应实现盈利，尽管单价较低，但大销量可以带来可观的总收入。低价位模式在电子商务竞争中极为普遍，这得益于电子商务交易省略了传统零售中的多项成本，如店面租金、装修费用、营销广告及渠道费用等。这些成本的削减使得产品本身的成本大幅降低，为电商企业提供了进行低价位推广的底气。即便在低价位策略下，电商企业仍然能够保留一定的利润空间，从而在保证价格竞争力的同时，实现可持续的经营和盈利。

例如，当当网作为图书网络零售商的先驱，图书电子商务是其最擅长的领域。京东商城作为后来者，为了进入这一领域，采取了最常用的低价位模式，其价格甚至低于当当网。这一策略迅速提升了京东商城在图书零售板块的知名度，虽然短期内会付出一定的成本，但与高昂的广告费用相比，这种方式以相对较低的代价取得了显著的效果。

（3）高价位模式

高价位模式在电子商务中相对少见，因为大多数电子商务产品定价倾向于不高于线下零售价格，这是电子商务行业的一大吸引力所在。然而，仍有部分企业采用高价位模式，这主要基于两种情况。第一种情况涉及货物的稀缺性，对于市场供给量有限、较为稀缺的产品，企业可以利用电子商务的交易模式进行网上拍卖，实行价高者得的策略。第二种情况则是部分企业为了塑造自身的品牌形象，通过高价格、高质量和高品质的服务来吸引那些对价格不太敏感的客户群体。电子商务提供了一个便捷的结算平台，简化了交易手续，即使其产品价格稍高，只要产品质量和服务有保证，依然能够赢得一些用户的青睐。

（4）差别定价模式

差别定价，又称价格歧视，指的是企业在同一时间对同一种产品向不同的购买者索取不同的价格，以此来实现利润最大化。这种定价策略并不是简单的随机定价，而是基于企业对市场、消费者和产品的深入了解和分析，通过不同的价格策略来满足不同消费者的需求，提高市场占有率。

差别定价的实施主要依赖于企业所掌握的市场信息和消费者行为数据。通过了解消费者的支付意愿、购买能力和购买习惯，企业可以更加精准地制定价格策略，使得同一产品在不同市场、不同消费者群体之间形成价格差异。

差别定价的形式多种多样，包括基于购买量的价格歧视、基于消费者特征的价格歧视和基于地域的价格歧视等。例如，企业可能会为购买产品数量多的消费者提供折扣，或者为不同收入水平的消费者制定不同的价格。此外，企业还可能根据产品的不同版本或功能来制定不同的价格，以满足不同消费者的需求。

实施差别定价策略需要企业具备一定的条件和能力。首先，企业需要拥有足够的市场信息和消费者数据，以便对市场和消费者进行细分和定位。其次，企业需要具备灵活的价格调整机制，以便根据不同市场、不同消费者群体和不同时间点的需求变化来调整价格。最后，企业还需要具备强大的市场营销能力，以便通过有效的宣传和推广来吸引更多的消费者。

差别定价策略可以为企业带来更高的利润和市场占有率。然而，企业在实施这种策略时也需要谨慎行事，确保定价的公平性和合理性，避免引发消费者不满和市场争议。同时，企业还需要密切关注市场动态和消费者需求的变化，以便及时调整价格策略，保持市场竞争优势。

2.2.4　电子商务经济学原理

1.消费者行为理论

（1）效用、边际分析与边际效用递减理论

效用是指消费者从消费商品或服务中获得的满足程度，是一个主观的心理概念，没有客观的评价标准，但每个消费者都能根据自己的感受来评估。效用的存在是消费者选择行为的基础，因为消费者总是追求效用最大化，即选择那些能给他们带来最大满足的商品或服务。

边际分析是一种经济学分析方法，它关注某一要素（自变量）每改变一单位时，相应要素（因变量）所发生的变化结果。在消费者行为分析中，边际分析用于研究消费者如何根据商品数量的变化来调整自己的消费决策，以达到效用最大化。具体来说，边际分析就是分析消费者在购买和使用商品时，每增加或减少一单位商品所带来的满足程度的变化。

经济学理论认为，人们的需求与欲望是无限的，这种无限的动力驱使企业不断提供各类商品和服务，以满足人们的各种需求。当消费者消费这些商品时，他们会获得不同程度的满足，这种满足的程度正是经济学中所研究的效用。显然，理性的消费者总是追求效用的最大化。

尽管效用难以用具体的标准来衡量，但每个消费者都能切实地感受到它的存在，并可以通过一些相对的标准来评估。例如，当你饥饿时，吃下第一个面包会让你感到非常满足，因此可以给这次满足感打10分；吃下第二个面包时，由于饥饿感有所缓解，满足感可能降到8分；到第三个面包时，你可能已经不想再继续吃了，满足感可能只有2分；而当你面对第四个面包时，可能已经完全吃不下了，如果强行吃下，反而会带来不适，此时的效用可能是-5分。这个例子就涉及了边际分析的应用。边际分析关注的是某一要素（自变量）每增加或减少一单位时，相应的要素（因变量）会发生怎样的变化，以此来寻找最优解。

边际效用递减规律可用如图2-3所示的曲线来直观展示。这条曲线表明，随着面包数量的逐步增加，总效用起初会呈现上升趋势，但一旦超过某个临界值，总效用便会转而下降。该规律揭示了一个重要现象：对于同一种消费品，并非消费的数量越多越好。边际效用递减的主要原因在于，随着商品数量的累积，它们对消费者的刺激作用逐渐减弱，商品的重要性也随之降低。

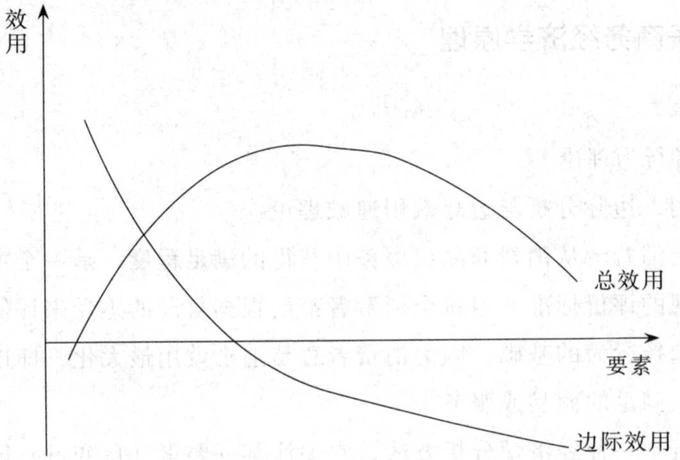

图2-3　消费者效用递减规律图

（2）电子商务中的边际效用递增规律

在传统的经济环境中，物品的边际效用往往随着消费量的增加而递减，遵循边际效用递减规律。然而，在电子商务领域，许多情况下边际效用却呈现递增的趋势。这一现象背后的主要原因是电子商务消费的特殊性，具体体现在以下三个方面：

首先，电子商务消费具有锁定性。一旦消费者选择了某一品牌的软件产品，且该产品满足了其基本需求，为了节约消费成本，他们通常不会轻易更换其他产品，而是将自己锁定在该品牌上。这种锁定效应的产生源于转移成本的存在。例如，长期使用王码五笔的文字工作者，即便有更便捷的输入方法，只要王码五笔能满足其需求，他们就不会放弃这一输入法去学习新的方法，因为学习新方法会带来额外的学习成本和可能因学不会而产生的风险。软件产品的锁定性不仅巩固了消费者的忠诚度，还促进了其使用规模的迅速扩大。随着消费群体的增加，软件的通用性也随之增强，使得消费者在任何地方都能顺利地使用该产品，从而实际上增加了消费者的边际效用。

其次，电子商务具有网络外部性的特点。在传统经济条件下，物品的价值往往与其稀缺性成正比，但在电子商务经济中却恰好相反。同类软件产品或交易平台越多，其价值反而越大。这是因为电子商务的效用建立在与尽可能多的用户无阻碍沟通的基础上。因此，用户数量的增加意味着每个用户所能获得的效用也在增加。新用户的加入不仅增加了其他用户的效用，同时也为自己的边际效用带来了增长。

最后，电子商务消费规模具有正反馈的特点。一旦市场上某种消费模式得到消费者的广泛认可，该产品的用户数量就会迅速增加。当某个电子商务网站的用户基数较大时，对该类商务模式的辅助服务种类会更加丰富、全面，使得该商务模式更加便捷，消费者获得的产品效用也会更大。这种正向的反馈循环会吸引更多消费者自发地选择该商务模式，从而进一步加大规模。这种规模的扩张并没有增加用户的额外负担，而且可以重复利用、不产生消耗，不受传统商务模式中有效资源的限制。由于电子商务具有这些与传统经济完全不同的特征，因此其形成了独特的经济运行规律。

2.厂商行为理论

在微观经济学中，厂商作为市场经济行为的基本主体之一，其生产决策行为是研究的重点。为了简化分析过程，我们并不深入探讨厂商的具体企业性质、管理结构以及内部运作措施，而是将厂商视为一个整体，专注于其在外部市场中的行为表现。

（1）生产要素及生产函数

在进行生产活动时，厂商必须投入特定的生产要素以产出可供消费的产品。这些生产要素通常被归类为四种：劳动、资本、土地以及企业家才能。

在特定时间段内，若技术水平保持恒定，厂商在生产活动中所投入的生产要素与其产品产出量之间的关系是确定且存在上限的。这种关系可以通过生产函数来描述：

$Q=f（X_1，X_2，L，X_n）$

其中，Q表示产出量；X_1，X_2，L，X_n表示生产过程中投入生产要素的数量。在生产函数中，通常会将劳动、资本、土地（或自然资源）和企业家才能等生产要素作为自变量，而将产量作为因变量。通过这个函数，我们可以了解到在给定技术水平和生产要素数量的条件下，厂商能够生产的最大产量是多少。

（2）传统经济的边际报酬递减规律

在既定的技术水平下，当其他生产要素保持不变时，连续增加某一生产要素的投入量，起初这种增加会带动边际产量的提升。然而，当投入量达到某一临界点后，继续增加该生产要素，边际产量将不再增加，反而呈现出下降趋势。这一现象被称为边际报酬递减规律。

在应用边际报酬递减规律时，我们需要注意以下几个约束条件：

首先，该规律的前提条件是技术水平保持不变。若技术水平发生变化，则可能改变生产要素的投入与产出关系。

其次，边际报酬的变化过程是先增后减，甚至可能最终降至零或负值。这意味着：在投入初期，增加生产要素会带来产量的显著增加；但随着投入量的增加，每增加一单位生产要素所带来的产量增加量会逐渐减少；当投入量超过某一临界点时，继续增加生产要素反而会导致产量下降。

最后，边际报酬递减规律仅适用于生产要素之间比例关系不固定的生产函数。若生产要素之间的比例关系固定不变，则该规律不成立。因为在这种情况下，增加某一生产要素的投入量可能会同时带动其他生产要素的利用效率提升，从而不会出现边际报酬递减的现象。

（3）电子商务中的边际报酬递增规律

在电子商务中，存在与传统经济相反的规律——边际报酬递增规律，主要体现在以下几个方面：

第一，网络经济的边际成本随着网络规模的持续扩大而呈现递减的趋势。网络产品的初始投入较大，但一旦产品开发完成，后续的复制成本几乎可以忽略不计。换句话说，在成功生产出第一份信息产品后，后续产品的边际成本变得极低，这使得在不断摊薄的边际成本作用下，企业的利润呈现增长的态势。

第二，网络信息价值具有显著的累积增值和传递效应。对信息的持续投资不仅能够带来正常的投资回报，更能获得信息累积所带来的额外增值回报。这种价值累积和传递效应使得网络信息价值不断攀升。

第三，网络信息容量与信息成本之间呈现反向变化的趋势。从信息的储存到生成新的信息是一个持续不断的过程，信息容量越大，其所蕴含的价值就越高，而与之相对应的信息成本却越来越低。

第四，推动边际收益递增的核心动力是创新。创新所孕育的新技术不仅能够带来成本的降低和产量的增长，更能够催生全新的产品乃至整个新产业的崛起，从而推动整个社会经济的加速发展。

（4）规模经济理论

规模经济理论是指在技术水平保持不变的情况下，当两种生产要素以相同的比例增加，即生产规模得到扩大时，初期产量的增长速度会超过生产规模的扩大速度。然而，当规模扩大到一个特定的临界点后，产量的增长速度会相对放缓，甚至可能低于生产规模的增长速度，这时便出现了规模不经济的现象，也就是说继续扩大生产规模将不再带来经济效益的增加。

在电子商务环境中，厂商可以通过多种途径来提升效益。除了规模经济之外，还有诸如范围经济、差异经济、成长经济和时效经济等多种经济模式，它们共同为电子商务环境下的厂商提供了丰富的效益提升策略。

（5）价值链和差别规模经济理论

在电子商务领域，个性化需求日益凸显，这促使厂商的生产模式悄然发生变化。这种变化正是价值链和差别规模经济理论在生产实践中的具体应用。

首先，我们来看电子商务经济价值链的形成。价值链，是指为满足特定需求，生产者之间相互联结、共同创造价值并实现价值增值的经济链条。从使用价值的角度来看，随着企业生产的不断发展，其产品日益细化，从提供完整产品逐渐转向提供部件产品。从价值的角度来看，传统产业以资本为分配依据，资本家占有剩余价值；而在电子商务时代，无法在价值链中增值的部门和环节将面临淘汰。生产或经营某一产品的各个经济环节所构成的价值链必须实现增值，这是电子商务的重要特征。价值链的形成以产品细化为基础，以满足消费者的特定需求并实现价值增值为条件。

差别规模经济是指在满足消费者的个性化需求的基础上，通过生产差别产品、采用灵活制造方式和小批量生产而形成的规模经济。传统的规模经济依赖于同种产品的大批量生产来降低成本，实现规模收益。然而，在电子商务经济中，为了满足消费者个性化定制的需求，企业需要提供差别产品、采用灵活制造方式、进行小批量生产。

差别规模经济的出现，首先反映了电子商务经济时代人们对个性化发展的追求。其次，它是电子商务发展到一定阶段的必然产物。最后，差别规模经济的出现也是企业为了追求利润最大化而做出的必然选择。

（6）电子商务环境下的生产方式

在电子商务环境下，生产方式相较于传统工业生产已发生了根本性变革。传统工业生产主要依赖于机器设备、流动资金等生产资料，而电子商务环境下的生产则建立在网络之上，知识和信息成为核心的生产要素。这种生产条件的变化赋予了电子商务环境下的生产独特且鲜明的时代特征。

电子商务环境下的生产并非空中楼阁，而是大工业发展到一定阶段的必然产物。它植根于工业化大生产，并对其进行了优化与提升。正如大工业生产是在协作和工场手工业的基础上逐步发展成熟一样，电子商务也是对传统工业生产模式的继承与创新，推动了生产方式的深刻变革。

电子商务的蓬勃发展极大地提升了生产效率。传统工业生产常常受制于资源稀缺、资源配置模式以及资源利用水平等因素，而电子商务则打破了这些束缚，最大限度地释放了生产力，使社会生产能够更加高效地服务于人类社会的发展。这主要体现在两个方面：一方面，电子商务有效突破了工业生产资源稀缺的瓶颈；另一方面，电子商务也革新了传统的资源配置模式，推动了资源的优化配置和高效利用。

此外，电子商务还为社会节约了大量资源。它消除了信息迂回传递造成的失真现象，避免了由此产生的决策失误和浪费。同时，电子商务降低了信息传输的成本，加快了信息的传递速度，从而减少了等待时间和成本。更重要的是，电子商务加快了资金的流转速度，提高了资金的利用效率。由于需求对象明确且信息流通顺畅，电子商务还缩短了物流距离，节约了运输成本，并降低了库存成本。

3.长尾理论

长尾理论是指在某个特定领域内，销售量较小的产品的总体数量可以超过销售量大的产品的总体数量。这种现象表现为一条长而狭窄的曲线，其中少数畅销产品构成了“头部”，而许多销售数量较少的产品则构成了“尾部”。尾部产品的总体市场份额可以与主流产品相媲美，甚至更大。长尾理论如图2-4所示。

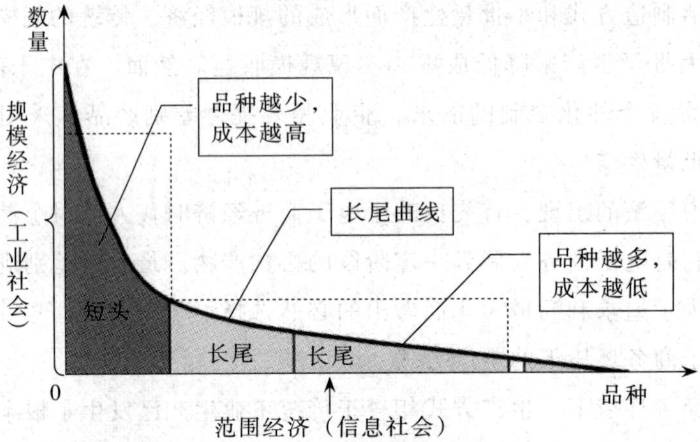

图2-4　长尾理论示意图

长尾理论认为，在商品储存、流通及展示的场地与渠道变得足够广泛，且商品生产成本大幅下降至个人也能参与生产，同时销售成本也显著降低的背景下，那些曾经看似需求极低的产品，只要有销售机会，就会找到对应的消费者。这些销量和需求相对不高的产品所累积的市场份额，能够与主流产品的市场份额相抗衡，有时甚至更为庞大。

长尾理论基于一个核心假设：即产品的存储能力和流通渠道必须足够强大，而互联网电子商务正是这一假设的理想实践者。在此条件下，那些单个需求量较少的产品，其市场份额的总和能够与最畅销产品的市场份额相匹敌，甚至远超之。也就是说，大量小众市场汇聚后，能够形成与主流市场相抗衡甚至更大的市场规模。然而，市场参与者往往过于聚焦于畅销产品，忽视了小众市场的重要性，这些被忽视的小众市场便构成了所谓的“长尾”。企业的销售份额在很大程度上已经取决于其是否能成功满足这些小众需求。因此，重视长尾的力量、积极开发长尾市场，已成为当今企业获取市场主导权的关键策略。

以很多网上书店为例，真正畅销的图书仅占其图书总销量的一小部分，而众多零散的非畅销书才是构成其销量的主体。这充分说明了消费者需求的多样性。在长尾理论下，企业的产品线几乎能够覆盖所有人的需求，因此，满足这些多样化的需求逐渐成为企业商业模式的重要组成部分。

2.3　互联网及其应用

互联网是将处于不同地理位置并且有独立计算能力的计算机系统，利用传输介质和通信设备相互连接在一起，在网络操作系统和网络通信软件的控制下，实现资源共享的计算机集合。互联网已经成为世界上覆盖面最广、规模最大、信息资源最丰富的计算机信息网络。

2.3.1　IP与域名

IP和域名都是用于标识互联网上的计算机或服务器的关键概念，它们各自的定义和功能有所不同，但又紧密相关。以下是对IP和域名的详细解释：

1.IP地址

IP地址（Internet Protocol Address）是互联网协议地址，又译为网际协议地址。它是Internet采用的一种全局通用的地址格式，为全网的每一个网络和每一台主机都分配一个唯一的地址。

IP地址（IPv4）通常直观地以圆点分隔号的4个十进制数字表示，如“192.168.1.1”。IP地址分为五类，即A类、B类、C类、D类和E类，这五类IP地址的结构特点如图2-5所示。A类、B类和C类地址用于标识网络中的单个设备，它们具有网络地址和主机地址的区分；而D类和E类地址则用于特殊目的，不区分网络地址和主机地址。

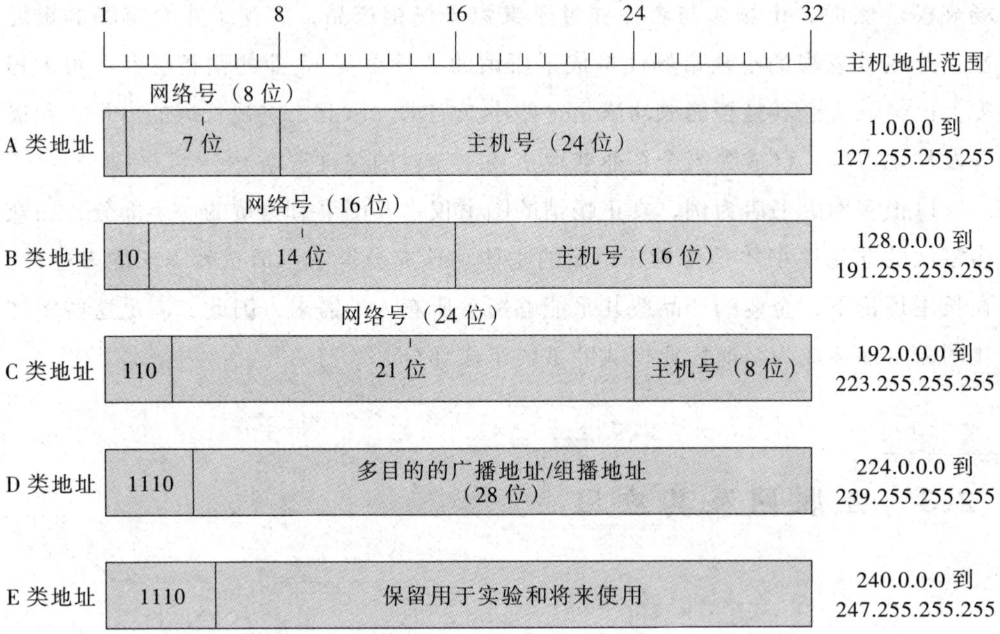

图2-5 五类IP地址结构

此外，还有IPv6地址，它以冒号分隔的十六进制数表示，长度更长，表示能力更强。

IP地址分为静态IP和动态IP两种。静态IP地址是长期分配给一台计算机或网络设备使用的IP地址；而动态IP地址则是在需要时才进行分配，每次上网所分配到的IP地址都可能不同。IP地址是互联网上的基本寻址方案，它允许计算机之间进行通信和数据传输，是计算机或服务器的实际地址，用于唯一标识互联网上的计算机或服务器。

2.域名

域名（Domain Name）是Internet网络上的一个服务器或一个网络系统的名字，由一串用点分隔的名字组成。它是Internet中用于解决地址记忆问题的一种方法。域名通常由多个单词或短语组成，以点分隔符分隔，如“http：//www.example.com”。

域名在全世界范围内是唯一的，不存在重复的域名。域名的注册遵循先申请先注册的原则。域名是一个易于记忆的标识符，用于代替IP地址来标识互联网上的计算机或服务器。它为访问互联网上的计算机或服务器提供了一个方便记忆的路径。

3.IP地址与域名的关系

域名与IP地址之间是一一对应的，但这种对应是多对一的，即多个域名可以解析到一个IP地址上（例如，多个网站可以托管在同一台服务器上），但一个域名在理论上不能解析到多个IP地址上（尽管在实际应用中，通过技术手段如负载均衡等可以实现一个域名对应多个IP地址的访问）。

域名到IP地址的转换过程称为域名解析，它需要由专门的域名解析服务器（DNS）来完成。DNS是一个分布式数据库系统，它将域名映射到相应的IP地址。当用户在浏览器中输入一个域名时，浏览器会向DNS服务器发送请求，以获取与该域名对应的IP地址。一旦DNS服务器返回IP地址，浏览器就可以使用该IP地址与服务器建立连接，并获取所需的网页或其他资源。

由于IP地址由一串数字组成，不方便记忆，而域名则是一个易于记忆的标识符，因此域名提供了一个更加人性化的方式来访问互联网上的资源。IP地址和域名都是互联网中不可或缺的重要组成部分。IP地址是计算机或服务器的实际地址，用于唯一标识互联网上的设备；而域名则是一个易于记忆的标识符，用于代替IP地址来方便地访问互联网上的资源。

2.3.2 Internet的接入

Internet的接入方式多种多样，以下是几种常见的接入方式及其特点：

1.传统拨号上网（PSTN）

传统拨号上网是通过普通电话线路，利用调制解调器（Modem）将计算机连接到互联网的方式。这种方式的速率较低，一般不超过56Kbps（千比特每秒），对于现代的高速网络需求来说显然已经过时。但是，它仍然有存在的价值，特别是在一些偏远地区或者临时性接入的场合，传统拨号上网仍然是一种可行的选择。此外，对一些只需要偶尔上网的用户来说，传统拨号上网也是一种经济实惠的选择。

2.数字用户线接入（xDSL）

数字用户线接入（xDSL）是利用现有的电话线路进行数字信息传输的一种接入方式。其中，ADSL（不对称数字用户线）是最常见的一种。ADSL的下行速率（即从网络到用户的速率）可以达到8Mbps，甚至更高，而上行速率（即从用户到网络的速率）则相对较低，一般不超过1Mbps。这种不对称的速率设计主要是为了适应大多数用户的上网习惯，即下载数据的需求远大于上传数据的需求。ADSL的传输距离可以达到4~5千米，这使得它成为许多家庭和中小企业接入互联网的首选方式。

3.以太网接入（LAN）

以太网接入是通过以太网技术将计算机连接到局域网（LAN），然后再通过局域网接入互联网的方式。以太网接入具有带宽大、速度快、简单方便等优点。但是，它也存在一些缺点，比如缺乏严格的QoS（服务质量）保证，以及受距离限制等。此外，以太网接入还需要一定的布线成本，因此在一些布线不方便的场合，以太网接入可能不是最佳选择。

4.Cable Modem接入

Cable Modem接入是利用有线电视网络进行数据传输的一种接入方式。它通过将有线电视信号转换为数字信号，然后利用现有的有线电视线路进行数据传输。Cable Modem接入具有速率高、支持宽带多媒体应用等优点。同时，由于有线电视网络已经覆盖了大多数家庭，因此Cable Modem接入也成为一种非常流行的接入方式。但是，Cable Modem接入也存在一些缺点，比如容易受到其他信号的干扰，以及传输质量不如光缆等有线传输方式。

5.无线接入

无线接入是利用无线电波进行数据传输的一种接入方式。它提供了一定程度的终端移动性，使得用户可以在不同的地点接入互联网。无线接入的速率较高，投资较少，因此在一些布线不方便的场合或者需要移动接入的场合，无线接入成为一种非常受欢迎的选择。但是，无线接入也存在一些缺点，比如传输质量容易受到环境影响（如天气、建筑物等），以及安全性问题等。

6.其他接入方式

除了上述几种常见的接入方式外，还有一些其他的接入方式，如ISDN（综合业务数字网）、光纤接入、DDN专线接入、ATM接入、帧中继接入等。这些接入方式通常用于大型企业或有特殊需求的网络环境，以提供高速、稳定的网络连接。例如，光纤接入具有极高的带宽和稳定的传输质量，是大型企业或数据中心的首选接入方式。ISDN则是一种综合业务数字网，可以提供电话、传真、数据、图像等多种业务的综合传输。

Internet的接入方式多种多样，每种方式都有其特点和适用场景。用户可以根据自己的需求和实际情况选择合适的接入方式。在选择接入方式时，需要考虑带宽、速率、稳定性、成本以及应用场景等因素。

2.3.3　Internet提供的服务

Internet提供的服务种类繁多，涵盖了信息获取、通信交流、娱乐休闲、商业应用等多个方面。以下是对Internet提供的主要服务的简单介绍。

1.远程登录

远程登录让用户的计算机通过网络连接到远程计算机，并在其上运行程序或查看文件，通常在网络通信协议Telnet的支持下实现。要在远程计算机上登录，用户必须事先成为该计算机系统的合法用户并拥有相应的账号和口令，登录时需要给出远程计算机的域名或IP地址，并按照系统提示输入用户名及口令。远程登录服务使得用户能够在不同的地点访问和使用远程计算机上的资源，从而实现资源的共享和高效利用。

2.文件传输

文件传输是指在网络通信协议FTP（File Transfer Protocol，文件传输协议）的支持下，主机之间通过计算机网络传送文件的过程。用户可以通过FTP将一台计算机上的文件传送到另一台计算机上，这种传输通常是实时的联机服务。FTP服务允许用户传输多种类型的文件，如文本文件、图像文件、声音文件、数据压缩文件等。使用FTP进行文件传输时，不需要对文件进行复杂的转换，因此比任何其他方法交换数据都要快得多。这使得Internet上的每个联网计算机都拥有了一个容量巨大的备份文件库，为用户提供了极大的便利。

3.电子邮件

电子邮件（E-mail）是Internet上使用最广泛、最受欢迎的服务之一。它是用户或用户组之间通过计算机网络收发信息的服务。电子邮件服务根据传统的邮政服务模型建立起来，当发送电子邮件时，邮件由邮件发送服务器发出，并根据收件人的地址判断对方的邮件接收器，将邮件发送到该服务器上。收件人要收取邮件只能访问这个服务器才能完成。电子邮件具有传输速度快、内容和形式多样、使用方便、费用低、安全性好等特点。通过电子邮件，用户可以与Internet上的任何人交换信息，进行实时沟通。

4.URL

任何形式的文档、图像、视频或音频均可视为一种资源。为了准确引用这些资源，我们需要一个独特的标识符来指明其存储位置及软件访问方式，这就是统一资源定位符（URL）。URL不仅能够指向本地硬盘上的某个文件，还能指向互联网上的某个站点。其基本构成如下：

Schema：Path

其中，Schema代表连接模式，即访问资源的协议类型。WWW浏览器通过将这些多样化的信息服务整合于单一软件中，使用户无须在不同协议间频繁切换就能享受界面统一、操作便捷的体验。目前，浏览器支持的协议包括HTTP（超文本传输协议）、FTP（文件传输协议）、NEWS（用户新闻讨论组协议）以及MAILTO（电子邮件协议）。

Path部分则通常包含主机全名、端口号、资源类型、文件名及目录结构等信息。主机全名以双斜杠“//”开头，通常指资源所在服务器的域名，有时也可直接使用服务器的IP地址。端口号用于标识计算机上提供特定服务的进程。目录与文件名的组织方式则与操作系统中的文件管理逻辑相似。

2.4 新一代信息技术

2.4.1 大数据

大数据（Big Data）是指无法在一定时间范围内用常规软件工具进行捕捉、管理和处理的数据集合，是需要新处理模式才能具有更强的决策力、洞察发现力和流程优化能力的海量、高增长率和多样化的信息资产。

随着社会的不断发展和技术的持续进步，人们管理和控制的业务范围日益扩大。互联网的兴起更是使社交网络、商务平台上的数据、图像、声音及视频等非结构性数据的增长量，远远超过了传统管理系统中运行的结构性数据的增长量。这部分数据的涌现促使管理组织的对象从一般的数据向大数据转变。

1.数据的概念

数据涵盖了多种符号形式，包括字符、数字、声音、图片、动画以及视频等多媒体内容。数据也代表着原始事实，其原始性和真实性至关重要，只有通过后期的适当加工处理才能赋予数据实际的意义。信息则是人们基于特定需求，对原始数据进行加工和重组后，形成的具有明确用途和意义的数据集合。

在信息的基础上，通过提炼和总结，我们可以得出具有普遍指导意义的共性规律、理论、模型和方法等，这些内容被统称为知识。运用这些知识，并结合个人经验，我们能够创造性地解释现象、解决问题并洞察未来趋势，这便是智慧的表现。从数据到智慧的逐步升级，不仅意味着我们从认识局部到认识整体的转变，也代表着我们从描述过去或现在向预测未来的跨越。

数据、信息和知识三者之间既有区别，又有联系。数据作为信息的载体，承载着信息的原始记录，其形态多样，包括数字、语言、文字、声音、图形和图像等。信息则是经过加工处理后的数据，对特定现象具有一定的解释力，换言之，信息是具有价值的数据。而知识则是信息的进一步提升，是更加系统化、理论化的信息集合。当我们运用知识并结合个人经验，进行创造性的预测、解释和发现时，这一过程便体现了智慧。

2.大数据技术特点

大数据通常用来形容某个组织或企业创造的大量非结构化和半结构化数据。面对复杂的大数据，可以抓住其主要特征来理解。大数据的特征常被归纳为四个V：Volume（体量巨大）、Variety（类型繁多）、Velocity（处理速度快）和Value（价值密度低）。

Volume：大数据的首要特征是其数据量巨大。数据的起始计量单位通常是PB、EB，甚至更高（1TB=1 024GB，1PB=1 024TB，1EB=1 024PB），远超出了传统数据库和数据处理工具的处理能力范围。这种庞大的数据量不仅给存储和管理带来了挑战，同时也为数据分析提供了丰富的资源。

Variety：大数据的类型繁多，包括结构化数据、半结构化数据和非结构化数据。结构化数据，如数据库中的表格数据，具有固定的格式和模式；非结构化数据，如文本、图片、视频和音频等，其格式和模式不规则或不完整；半结构化数据则介于两者之间，如员工简历等。大数据的这种多样性要求数据处理和分析技术能够适应不同类型的数据。

Velocity：大数据的产生和处理速度非常快，要求被实时或近实时地处理和分析。例如，社交媒体平台、传感器网络和在线交易系统等每秒都在产生大量数据，这些数据需要被迅速处理以捕捉其中的价值。因此，大数据处理技术需要具备高效、实时的数据处理能力。

Value：大数据的价值密度通常较低，即大量数据中只有少数部分具有真正的价值。这就要求数据分析人员能够运用有效的技术和方法，从海量数据中提取出有价值的信息和知识。同时，由于大数据的来源和格式多样，数据的质量也参差不齐，因此需要对数据进行清洗、整合和验证等预处理工作，以提高数据的质量和准确性。

大数据的4V特征定义了其与传统数据在处理方式上的区别，并指出了处理大数据时需要关注的四个关键方面。这些特征共同构成了大数据的本质特征，使其成为现代信息技术领域的重要组成部分。

3.大数据技术

数据处理技术涵盖了数据的采集、存储、处理、分析及表现等多个环节，其核心目标是将原始数据转化为有价值的信息，并进一步挖掘和提炼出知识。事实上，数据处理技术与信息处理技术在本质上并无明显差异，它们都是致力于将数据转化为信息乃至知识的技术手段。

若要对两者进行细微区分，可以认为联机在线事务处理（OLTP）更侧重于数据的实时处理和交易操作，而联机在线分析处理（OLAP）则更强调对信息和知识的深入分析和挖掘。然而，这种区分并非绝对，两者在实际应用中往往紧密相连，共同构成了数据处理与信息分析的完整链条。

大数据技术体系包括数据采集、数据存储、数据处理、数据分析和数据可视化等多个环节。

（1）大数据采集及预处理

在互联网时代，数据来源广泛，涵盖了商业数据、互联网数据以及传感器数据等。这些数据类型复杂多样，包括结构化、半结构化及非结构化数据等多种类型。

大数据采集从海量的数据中提取有用的信息，为后续的分析工作打下基础。这一过程需要庞大的数据库作为支撑，有时甚至会利用多个数据库同时进行大数据的采集。在数据采集环节，技术人员需要利用专业的工具和方法，如网络爬虫、API接口调用、数据库导入等，从各种数据源中捕获所需信息。这一过程要求高度的灵活性和可扩展性，以适应不同数据源和数据格式的差异。

预处理环节则是对采集到的原始数据进行深度加工和优化的过程。它包括：数据清洗，即去除重复、填补缺失、纠正错误；数据转换，如数据格式统一、数据类型转换；数据集成，即将不同来源的数据整合至一个统一的数据库中；数据归约，即通过特征选择、特征提取等方法降低数据维度，提高数据处理和分析的效率。数据预处理能够提升数据的质量、一致性和可用性，为后续的数据挖掘、机器学习等数据分析提供基础。

（2）大数据存储及管理

大数据存储及管理使用存储器将采集到的数据存储起来，构建相应的数据库系统。这一过程不仅是为了保存数据，更重要的是要确保数据能够被有效地管理、便捷地调用，解决大数据在可存储性、可表示性、可处理性、可靠性以及有效传输方面的问题。通过建立合理的数据库架构，大数据存储及管理能够保障数据的完整性、一致性和安全性，便于后续数据分析和应用。

（3）大数据分析及挖掘

大数据分析是指对海量数据根据其内在特征进行深入分析，并进行分类汇总，以满足大多数常见的分析需求。这一分析过程依赖于专业的大数据分析工具来执行。数据挖掘则是从庞大、不完全、含有噪声、模糊且随机的实际应用数据中，提取出隐藏其中、事先未知但具有潜在价值的信息和知识的过程。数据挖掘涉及多种技术方法，只有选择并运用相对准确且合适的方法，才能有效地从大数据中挖掘出有价值的结果。

（4）数据可视化

数据可视化利用图形、图像和其他视觉元素，将隐藏于海量数据中的信息和知识以直观、易于理解的方式呈现出来。这种呈现方式不仅包括了传统的图形化展示（如散点图、折线图、柱状图、饼图、热力图、关系图、直方图、树图、平行坐标、桑基图、漏斗图、仪表盘等），还涵盖了文字化展示等多种形式。

通过数据可视化，人们能够更快速地识别数据中的模式和趋势，理解数据之间的关系，从而做出更明智的决策。在商业、金融、医疗、智慧城市等众多领域，数据可视化已经成为提高运行效率、优化资源配置、推动创新发展的重要工具。

4.大数据的典型应用

大数据已被广泛应用于各个行业，包括制造、金融、汽车、互联网、餐饮、电信、物流、医疗健康和交通等在内的各行各业都已经与大数据紧密融合。大数据在商业领域的典型应用如下：

（1）精准营销

通过收集和分析消费者的行为数据、偏好信息、购买历史等，企业能够深入了解消费者需求，实现精准的个性化推荐和营销活动。例如，电商平台根据用户的浏览和购买记录，为其推送符合个人兴趣的商品推荐，提高购买转化率。

（2）客户细分与管理

依据大数据对客户进行细分，识别不同类型的客户群体及其特征，企业可以制定更具针对性的营销策略和客户服务方案，提升客户满意度和忠诚度，同时优化资源配置、提高营销效果和运营效率。

（3）市场趋势预测

分析海量的市场数据、行业动态、消费者反馈等信息，能帮助企业预测市场趋势、需求变化和竞争对手的行动，从而使其提前做出战略规划和决策，更好地把握市场机会，应对潜在风险。

（4）供应链优化

整合供应链上各环节的数据，包括采购数据、生产数据、库存数据、物流数据等，实现对供应链的实时监控和优化管理。通过大数据分析，企业可以准确预测需求、优化库存水平、合理安排生产计划、提高物流配送效率，进而降低成本并增强和提高供应链的弹性和响应速度。

2.4.2 人工智能

人工智能（Artificial Intelligence，AI）是一门研究、开发用于模拟、延伸和扩展人的智能的理论、方法、技术及应用系统的新技术科学。它属于计算机科学的一个分支，旨在通过计算机程序和算法来模拟和实现人类的智能行为，如感知、思考、学习、推理、决策等。人工智能的技术范畴包括机器学习、深度学习、自然语言处理、计算机视觉、专家系统等，这些技术使得计算机能够从大量的数据中提取模式和规律，进行自主学习和优化，从而实现自主决策和智能应用。

1.人工智能的关键技术

（1）机器学习

机器学习是人工智能领域中的核心技术，它使计算机能够在不进行明确编程的情况下从数据中学习并改进其性能。机器学习算法通过分析训练数据集来发现潜在的模式或规律，并利用这些发现来对新的数据进行预测、分类或其他任务。回归、聚类、分类以及神经网络（特别是深度学习）是机器学习领域中最常见的一些算法。

作为一门交叉学科，机器学习融合了统计学、系统辨识、逼近理论、神经网络、优化理论、计算机科学以及脑科学等多个领域的知识。其核心研究目标是探索计算机如何模拟和实现人类的学习行为，从而获取新的知识和技能，同时调整和优化已有的知识结构，以不断提升自身的性能。

（2）深度学习

深度学习是机器学习领域中的一个前沿分支，其核心在于构建并模拟人类大脑的神经网络结构，以实现数据的分析与学习。通过模仿人脑的运作机制，深度学习能够解释和处理图像、声音、文本等多种类型的数据。

（3）人机交互

人机交互是探索人与计算机之间的信息交换的技术，与认知心理学、人机工程学、多媒体技术以及虚拟现实技术密切相关。除了传统的基本交互方式，如键盘输入、鼠标点击等图形交互手段外，人机交互技术还涵盖了更加先进和多样的交互模式。这包括利用语音识别与自然语言处理技术实现的语音交互，通过面部表情和肢体语言分析进行的情感交互，以及借助体感技术和脑机接口技术实现的体感交互和脑机交互等。这些新型交互技术的不断涌现，不仅提升了人机交互的便捷性和效率，也为人工智能技术的广泛应用开辟了新的可能性。

（4）自然语言处理（NLP）

自然语言处理是使计算机能够理解、解释和生成人类语言。NLP技术包括文本分析、语言生成、机器翻译、舆情监测、自动摘要、观点提取、文本分类、问题回答、文本语义对比和语音识别等。例如，机器翻译技术可以将一种语言自动翻译成另一种语言，而语音识别技术则可以将语音转换为文本。

2.人工智能的应用领域

人工智能的应用领域广泛，涵盖了医疗健康、金融服务、智能家居、自动驾驶、制造业、教育、娱乐、电子商务、安防、零售、农业以及法律与合规等多个行业，通过智能推荐、自动化处理、数据分析等技术手段，为各行各业带来了前所未有的变革和提升。人工智能在电子商务领域的主要应用如下：

（1）智能推荐系统

智能推荐系统是人工智能在电子商务中最典型的应用之一。它通过分析用户的历史购买行为、浏览记录、搜索关键词以及个人偏好等数据，为用户提供个性化的商品推荐。这种推荐方式不仅提高了用户的购物体验，还提升了商品的购买转化率。例如，电商平台的推荐系统能够准确地向用户推荐他们可能感兴趣的商品，这极大地促进了用户的购买意愿。

（2）智能客服

智能客服利用自然语言处理技术，能够理解用户的咨询问题，并提供实时的回答和解决方案。它能够24小时不间断地为用户服务，解答疑问，处理订单，大大减少了人工客服的工作量，提高了客户服务的效率。例如，淘宝的"阿里小蜜"就是一个典型的智能客服机器人，它能够快速回答用户的问题，提升用户的满意度。

（3）供应链优化

人工智能可以对供应链数据进行实时分析，预测市场需求和库存变化，帮助企业优化库存管理、降低运营成本。同时，它还能协助企业制定更加合理的采购和销售策略，提升整体运营效率。例如，通过分析历史销售数据和市场趋势，人工智能可以预测某款商品在未来一段时间内的需求量，从而帮助企业合理安排库存和采购计划。

（4）图像识别与视觉搜索

图像识别与视觉搜索技术使用户可以通过上传图片或使用摄像头拍摄实物来搜索商品。系统利用图像识别技术分析图片中的特征，识别出商品，并提供相关的购买链接或搜索结果。这种搜索方式极大地提高了用户的购物便利性，同时也为电商平台带来了更多的流量和销售机会。

（5）智能营销与精准广告投放

基于用户的行为数据、兴趣爱好和消费习惯等信息，人工智能可以帮助企业制定更加精准的营销策略，并实现个性化的广告投放。这种精准营销方式提高了广告的点击率和转化率，为企业带来了更高的投资回报率。

（6）智能物流与配送

人工智能在物流领域的应用也日益广泛。通过分析交通状况、订单数量和分布等因素，人工智能可以为快递员规划最佳的配送路线，提高配送效率。同时，它还可以实时监控物流状态，及时处理异常情况，确保商品能够及时、准确地送达客户手中。

2.4.3 物联网

物联网（Internet of Things，IoT）是一个基于互联网、传统电信网等的信息承载体，它让所有能够被独立寻址的普通物理对象形成互联互通的网络。物联网通过信息传感器、射频识别技术、全球定位系统、红外感应器、激光扫描器等各种装置与技术，实时采集任何需要监控、连接、互动的物体或过程，采集其声、光、热、电、力学、化学、生物、位置等各种信息，并通过各类可能的网络接入，实现物与物、物与人的泛在连接，实现对物品和过程的智能化感知、识别和管理。

1.物联网的关键技术

（1）射频识别技术

射频识别技术（Radio Frequency Identification，RFID）是一种非接触式的自动识别技术，它利用无线射频信号自动识别目标对象并获取相关数据。RFID系统通常由标签、阅读器和天线组成。标签被附着在目标物体上，包含唯一的电子编码，用于标识物体并跟踪其位置信息。阅读器通过天线发射射频信号激活标签，并读取标签上的信息。RFID技术在物联网中广泛应用于库存管理、物品追踪等领域。

（2）传感器技术

传感器是物联网的“眼睛”和“耳朵”，负责收集各种物理量的信息。传感器的种类繁多，包括但不限于温度传感器、湿度传感器、光传感器、压力传感器、加速度传感器等。这些传感器可以将物理量转换为电信号，为后续的数据处理提供原始数据。传感器技术的高精度、低功耗和高可靠性使得它在物联网中发挥着重要作用。

（3）网络通信技术

物联网设备需要通过各种通信技术实现数据的传输。这些通信技术包括Wi-Fi、蓝牙、Zigbee、NB-IoT（窄带物联网）和LoRa（长距离无线通信）等。Wi-Fi适用于短距离、高带宽的数据传输；蓝牙适用于低功耗、短距离的数据传输；Zigbee是一种基于IEEE 802.15.4标准的短距离、低功耗无线通信技术；NB-IoT和LoRa则适用于大规模设备连接和长距离传输。这些通信技术共同构成了物联网的网络层，实现了物与物、人与物之间的信息相互交流。

（4）定位技术

定位技术，如北斗卫星导航系统，也是物联网中的关键技术之一。它能够为物联网设备提供全球范围内的定位服务，实现设备的精确追踪和定位。这在物流追踪、车辆导航等领域具有重要的应用价值。

2.物联网的应用领域

物联网的应用领域广泛，涵盖了智能家居、智能穿戴、智能交通、智能医疗以及智慧城市等多个方面。如今，物联网已无时无刻不渗透在我们的日常生活中。例如，用户可以通过手机App远程调节空调温度、开关灯光，甚至设置智能场景模式，如设置“回家模式”自动开启灯光和空调或“离家模式”关闭所有非必要电器以节省能源。

在电子商务体系中，物联网的应用同样广泛而深入。当前电子商务在产品的生产、仓储、物流配送等环节仍存在诸多待改进之处，而物联网技术正是解决这些问题的有效手段。通过物联网，电商企业不仅能够实现对每一件产品的实时监控和对物流体系的高效管理，还能对产品在供应链各阶段的信息进行深入分析和精准预测。

在电子商务的库存管理方面，物联网技术通过实时感知库存物品的信息，实现了自动化库存管理，并与网上的零售营销体系实现了数据共享。在物流领域，物体标识和定位技术则将配送包裹模块化，使得消费者、网上零售商户和物流公司三方能够实时掌握货物的位置信息。

本章小结

本章主要介绍了电子商务的相关基本理论知识，包括电子商务的框架结构和交易流程、电子商务的经济学理论、互联网基础知识、新一代信息技术等。本章的学习重点是掌握电子商务的基本要素、框架结构和运作流程，了解电子商务的经济学理论，熟悉与电子商务相关的互联网基础知识，了解新一代信息技术。

思考与练习

1. 电子商务的基本框架结构是什么？
2. 一般电子商务的交易流程是什么？
3. 什么是网络经济？
4. 电子商务中的经济学原理有哪些？试述其含义。
5. 简述Internet的接入方式及其特点。
6. 简述大数据、人工智能等新一代信息技术的概念及应用。

第3章

电子商务的基本模式

学习目的与要求

了解企业电子商务的一般框架结构；

理解几种典型的电子商务交易模式及相关知识；

认识一些有代表性的电子商务网站；

掌握电子商务商业模式的交易流程和盈利模式。

素养目标

能够运用所学知识对电子商务模式进行初步分析，评估其可行性、市场潜力及潜在风险；分析电子商务实际案例，理解电子商务模式在实际操作中的应用及效果，提升解决实际问题的能力。

20世纪90年代，随着互联网技术的突飞猛进，商务活动电子化的条件逐步成熟，电子商务得到了蓬勃发展。如果说20世纪末电子商务还只是一个新名词，那么进入21世纪后，电子商务将生产企业、流通企业、消费者和政府等都引入了一个数字化的虚拟空间，影响和改变了人们生产和生活的方方面面。随着国家“互联网+”计划的实施，电子商务迎来了新一轮重要的发展机遇，呈现出不同于以往的新内涵、新特征和新趋势，成为推动经济增长的新动力。“21世纪，要么电子商务，要么无商可务！”如今电子商务以其蓬勃发展的强劲势头充分证明了这句话。时下，B2B、B2C、C2C等各个领域都在用自身的优势和特点推动着整个市场的发展。

3.1 电子商务商业模式概述

3.1.1 商业模式的概念

Paul Timmers是最早给商业模式下定义的学者之一，他于1998年在探讨电子商务市场的商业模式时，给其下了明确的定义，认为商业模式是一个关于产品、服务和信息流的架构。随着互联网的迅猛发展，商业模式也逐渐在信息科学领域中受到追捧，从计算机科学到信息系统，后来又出现了专门词汇：电子商业模式（E-Business Model）。

商业模式就是企业通过创造价值而获取收益所采取的一系列活动，它表明了公司在价值链中所处的位置。任何商业模式都要清楚它们的盈利模式和价值体现，才可能赢得项目投资。而电子商务商业模式是指以利用和发挥Internet和WWW的特征为目标的商业模式。

3.1.2 商业模式要素

商业模式必须包含以下八个要素（见表3-1）：

表3-1 **商业模式要素**

商业模式要素	关键问题
价值体现	消费者为什么买你的东西
盈利模式	如何赚钱
市场机会	目标市场、市场容量
竞争环境	目标市场的竞争性企业
竞争优势	进入目标市场的特点、优势
营销战略	对产品和服务的销售计划
组织发展	相应的组织结构
管理团队	企业领导者的经历和背景

1.价值体现

确定一个企业的产品或服务如何满足客户的需要。

2.盈利模式

其包括广告盈利模式、订阅盈利模式、交易费用盈利模式、销售盈利模式、会员盈利模式等。

3.市场机会

市场机会指企业所预期的以及企业在该市场中有可能获得潜在财务收入的机会。

4.竞争环境

竞争环境指企业的营销人员必须面对的竞争者的数量和类型以及竞争者参与竞争的方式，即其他企业在同一市场空间中经营、销售同类产品的情况。

5.竞争优势

当企业能比它的竞争对手生产出更好的产品，或是向市场推出更低价格的产品时，它就获得了竞争优势。

6.营销战略

营销战略是指由如何进入一个新市场、吸引新客户的具体举措构成的营销计划。

7.组织发展

组织发展描述企业如何组织所要完成的任务。

8.管理团队

管理团队是企业中负责各类业务模式运作的员工。

3.1.3　电子商务的组成

电子商务市场的主要功能，不仅可以匹配买方和卖方，能够为与市场交易相关的事项以及支付提供便利，还可以提供诸如法律和法规框架等基础制度。

电子商务市场主体的主要组成部分为：

1.数字产品

定义：其是电子商务中的核心产品，指在电子商务的各种商业模型中，基于计算机网络的交易的数字编码。数字产品分类见表3–2。

表 3-2　　　　数字产品分类表

<table>
<tr><th colspan="2">商品品种</th><th>商品</th></tr>
<tr><td colspan="2">软件</td><td>计算机软件、电子游戏等</td></tr>
<tr><td rowspan="3">在线服务</td><td>互动式服务</td><td>远程医疗、法律救助、网络交友、计算机游戏</td></tr>
<tr><td>网络预约服务</td><td>航空、火车票订票，电影、音乐会、球票预订，预订饭店、餐馆，旅游预约服务，医院预约挂号</td></tr>
<tr><td>信息咨询服务</td><td>法律咨询、医药咨询、股市行情分析、金融咨询、资料库检索、电子新闻、电子报刊、研究报告、论文等</td></tr>
</table>

数字产品的特征：高固定成本、低增量成本；易仿性；产品是“经验产品”；产品的用户适合性和用户偏好的依赖性；可共享性和公共产品属性；增值传输过程和使用过程中的重新创造。

2.消费者

全球的数亿网民都可以算作在网上做广告和销售产品或服务的卖方的潜在消费者。消费者在网上寻找商品的意愿各异，他们通过主动搜寻信息，进行比较、竞价和讨价还价。

3.卖方

在网上有数十万家商店，销售几百万种商品，并进行广泛宣传。

4.电子商务中介

电子商务环境下的中介和一般中介有所不同。它们建立或者管理在线市场，为买卖双方提供交流平台与一些基础设施和服务，帮助顾客和商家开始并完成交易，被称为电子中介或信息中介。

5.电子商务基础设施公司

电子商务组成部分中的基础设施公司起着关键的支撑作用，主要包括网络基础设施公司、云计算与数据存储基础设施公司、物流基础设施公司和支付基础设施公司。

6.电子商务内容制作者

电子商务内容制作者主要有电商平台商家自身，专业的电商代运营团队，网红、达人及自媒体博主、品牌方市场团队和专业的内容营销机构。

7.电子商务支持服务机构

电子商务领域常见的支持服务机构主要由认证机构、金融服务机构、营销服务机构、技术服务机构和数据分析机构组成。

3.1.4　电子商务主要商业模式分类

电子商务的参与者很多，根据性质不同可以分为B（Business）、C（Consumer）、G（Government），由此形成的商业模式有B2B，B2C，C2C，B2G，C2G等。

3.2　B2C电子商务

3.2.1　B2C电子商务模式概念

B2C（Business to Consumer）电子商务模式是企业对消费者的电子商务模式。企业、商家可充分利用电子商城提供的网络基础设施、支付平台、安全平台、管理平台等共享资源，有效地、低成本地开展自己的商业活动。它是电子商务按交易对象分类中的一种，即表示商业机构对消费者的电子商务。这种形式的电子商务一般以网络零售业为主，主要借助Internet开展在线销售活动。

B2C模式是我国最早产生的电子商务模式，以8848网上商城正式运营为标志。比较知名的B2C网站有当当网、京东商城、搜房网旗下的搜房家居商城等。

3.2.2　B2C电子商务模式分类

按照B2C电子商务平台类型分类：

1.综合型B2C

发挥自身的品牌影响力，积极寻找新的利润点，培养核心业务。例如，亚马逊中国可在现有品牌信用的基础上，借助母公司亚马逊国际化的背景，探索国际品牌代购业务或者采购国际品牌产品进行销售等新业务。网站建设要在商品陈列展示、信息系统智能化等方面进一步细化。对于新老客户的关系管理，需要精细客户体验的内容，提供更加人性化、直观的服务。选择较好的物流合作伙伴，增强物流实际控制权，提高物流配送服务质量。

典型代表为：京东商城、当当网。

2.垂直型B2C

核心领域内继续挖掘新亮点。积极与知名品牌生产商沟通与合作，化解与线下渠道商的利益冲突，扩大产品线与产品系列，完善售前、售后服务，提供多样化的支付手段。鉴于目前个别垂直型B2C运营商开始涉足不同行业，我们认为需要规避多元化的风险，避免资金分散。与其投入其他行业，不如将资金放在物流配送建设上。可以尝试探索“物流联盟”或“协作物流”模式，若资金允许也可逐步实现自营物流，保证物流配送质量，增强用户的黏性，将网站的“三流”完善后再寻找其他行业的商业机会。

典型代表为：红孩子、凡客诚品。

3.传统生产企业网络直销型B2C

首先要从战略管理层面明确这种模式未来的定位、发展与目标，协调企业原有的线下渠道与网络平台的利益，实行差异化的销售，如网上销售所有产品系列，而传统渠道销售的产品则体现地区特色；实行差异化的价格，线下与线上的商品定价根据时间段进行不同设置。线上产品也可通过线下渠道完善售后服务。在产品设计方面，要着重考虑消费者的需求感受。大力吸收和挖掘网络营销精英，培养电子商务运作团队，建立和完善电子商务平台。

典型代表为：优购网、李宁网上商城。

4.平台型B2C网站

B2C受到的制约因素较多，但中小企业在人力、物力、财力有限的情况下，其不失为一种拓宽网上销售渠道的好方法。首先是中小企业要选择具有较高知名度、点击率和流量的第三方平台；其次是聘请懂得网络营销、熟悉网络应用、了解实体店运作的网店管理人员；最后是要以长远发展的眼光看待网络渠道，增加产品的类别，充分利用实体店的资源、既有的仓储系统和供应链体系以及物流配送体系发展网店。

典型代表为：天猫商城。

3.2.3 B2C电子商务模式特点

B2C电子商务的特点如下：

1.消费者人数多

网络的普及使得上网并通过网络进行购物的群体越来越大，网上购物用户人数不断增加，网上购物已成为中国商业流通新的增长点。

2.B2C电子商务市场空间区域广阔

发达的网络可以让世界上任何一个具备上网条件的人通过互联网登录网站购买商品。没有时间和空间的限制，电子商务企业的顾客可能来自不同区域、不同城市，甚至不同国家。

3.B2C交易批量小

由于顾客是个体，其需求不同于企业需求，因此，购买商品频率高、品种多，但数量少、金额小。

4.商品配送时间要求严格，需要物流的支持

在B2C电子商务模式下，商品配送时间要求较为严格，对物流有着很强的依赖，主要有以下三个原因：满足消费者期望；竞争差异化需求；保障商品品质。

3.2.4 B2C电子商务交易流程

B2C电子商务的交易流程大致可以分为用户注册、选购商品、支付结算和物流配送四个过程，具体流程（如图3-1所示）为：

（1）消费者在开始网络购物前，必须先进行新用户注册。新用户注册时一般要输入登录名、登录密码、验证码、用户姓名、送货地址、送货电话和电子邮箱等。

（2）消费者通过Internet网址、广告、产品目录和搜索引擎检索等方式得到对自己有用的信息，进入有关的网站并查询自己所需要的产品或服务。

（3）顾客通过网站提供的供货单填入需要购买的商品或服务的内容，包括购买什么、购买多少、送货方式和付款方式等信息。

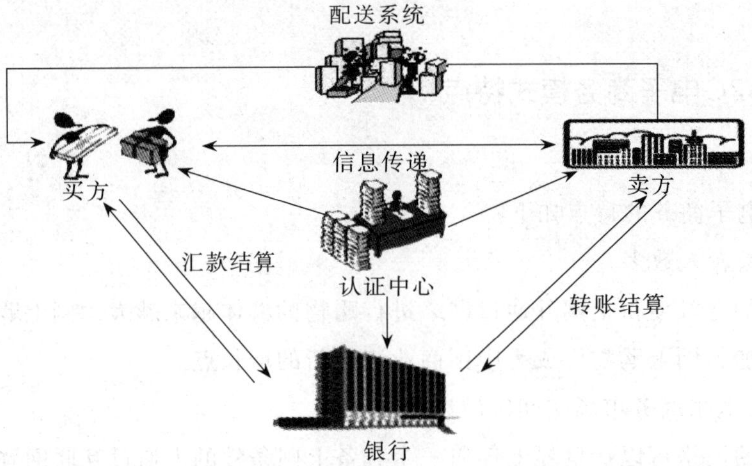

图3-1　B2C电子商务模式交易流程

(4) 顾客选择付款方式，如信用卡及电子现金等。

(5) 商家或企业的电子商务服务器自动检查支付方服务器，确认汇款额是否被认可。

(6) 商家或企业的电子服务器确认顾客汇款后，通知销售部门或物流公司送货上门。

(7) 为保证交易过程的安全性，还需要一个认证中心对网上交易的双方进行认证，以确认交易各方的真实身份。

(8) 由认证中心核验用户支付的款项并将该数据传到顾客的信用卡公司（银行）和用户，信用卡公司（银行）负责发给消费者收费清单。

3.2.5　B2C电子商务营利模式

1.产品销售营业收入模式

以产品交易作为收入主要来源是多数B2C网站采用的模式。这种B2C网站又可细分为两种：销售平台式网站和自主销售式网站。

(1) 销售平台式网站

网站并不直接销售产品，而是为商家提供B2C的平台服务，通过收取虚拟店铺出租费、交易手续费、加盟费等来实现盈利。天猫商城就是其典型代表。天猫商城收取商家的一定费用，并根据提供服务级别的不同收取不同的服务费和保证金。

（2）自主销售式网站

与销售平台式网站不同，自主销售式网站直接销售产品。与销售平台式网站相比，其运营成本较高，需要自行开拓产品供应渠道，并构建一个完整的仓储和物流配送体系或者发展第三方物流加盟商，将物流服务外包。

2.网络广告收益模式

网络广告收益模式是互联网经济中比较普遍的模式，B2C网站通过免费向顾客提供产品或服务吸引足够的“注意力”从而吸引广告主投放广告，通过广告盈利。相对于传统媒体来说，广告主在网络上投放广告具有独特的优势：一方面，网络广告投放的效率较高，一般是按照广告被点击的次数收费；另一方面，B2C网站可以充分利用网站自身提供的产品或服务的不同来区分消费群体，对广告主的吸引力也很大。

3.收费会员制收益模式

B2C网站对会员提供便捷的在线加盟注册程序、实时的用户购买行为跟踪记录、准确的在线销售统计资料查询及完善的信息保证等服务。收费会员是网站的盈利点，其数量在一定程度上决定了网站最终获得的收益。网站收益的多少主要取决于其自身的推广能力。比如网站可以适时地举办一些优惠活动并给予收费会员更优惠的会员价，与免费会员形成差异，以吸引更多的长期顾客。

4.网站的间接收益模式

除了能够将自身创造的价值变为现实的利润，企业还可以通过价值链的其他环节实现盈利。

（1）网上支付收益模式

当B2C网上支付拥有足够多的用户时，就可以开始考虑通过其他方式来获取收入的问题。以天猫商城为例，绝大多数的天猫商城用户通过支付宝支付，带给天猫商城巨大的利润空间。天猫商城不仅可以通过支付宝收取一定的交易服务费用，而且可以充分利用用户存款和支付时间差产生的巨额资金进行其他投资盈利。

（2）网站物流收益模式

我国B2C电子商务的交易规模已经达到数百亿元，由此产生的物流市场也很大。将物流纳为自身的服务、网站的服务，不仅能够占有物流的利润，还使得为用户创造的价值得到增值。不过，物流行业与互联网信息服务有很大的差异，B2C网站将物流纳为自身服务的成本非常高，需要建立物流配送系统，而这需要有强大的资金做后盾，而大多数网站很难做到。

3.3 B2B电子商务

3.3.1 B2B电子商务模式的概念

B2B（Business to Business）电子商务，是指采购商与供应商在互联网上进行谈判、订货、签约、接收发票和付款，以及进行索赔处理、商品发送管理和运输跟踪。B2B网站使客户紧密结合起来，通过网络的快速反应，使企业为客户提供更好的服务，从而促进企业的业务发展。

B2B电子商务模式是发展最早的电子商务模式之一，从20世纪90年代萌芽发展到如今，B2B电子商务已经发展成规模最大、最具影响力的电子商务模式。由于B2B电子商务模式连接的是企业与企业之间的交易，能整合产业链上下游资源、提高交易效率、降低成本等，所以越来越多的企业参与其中，规模得以持续扩大。如今，它已然成为电子商务领域中规模最大且极具影响力的模式，在推动全球贸易、促进产业协同等诸多方面都发挥着极为关键的作用。根据智研咨询发布的报告，2023年中国B2B电子商务交易规模达到36.11万亿元，年复合增长率达12.67%，如图3-2所示。

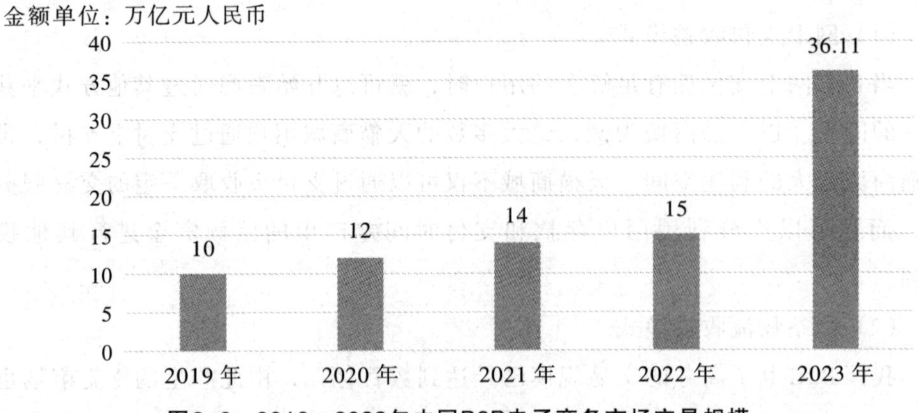

图3-2 2019—2023年中国B2B电子商务市场交易规模

3.3.2　B2B电子商务模式分类

1.垂直B2B电子商务模式

垂直B2B电子商务模式是指专注于某一领域、专业程度深的商业模式。该模式按产业链可以分为两个方向，即上游和下游。生产商或商业零售商可以与上游的供应商之间形成供货关系。例如，Dell计算机公司与上游的芯片和主板制造商就是通过这种方式进行合作。生产商与下游的经销商可以形成销货关系，如Cisco与其分销商之间进行的交易。其中以中国化工网、鲁文建筑服务网、网盛科技为首的网站成为行业B2B的代表网站，重新诠释了垂直搜索的概念，让更多的生意人习惯用搜索模式来打造生意圈、找客户。垂直B2B电子商务模式的成本相对要低很多，因为它面对的多是某一个行业内的从业者，所以，其客户相对比较集中而且有限。

2.面向中间市场的水平B2B电子商务模式

面向中间市场的水平B2B电子商务模式，是指利用网上中介服务平台将买方和卖方集中到一个市场上来进行信息交流、广告促销、拍卖竞标、商品交易、仓储配送等商业活动。例如，阿里巴巴、环球资源等从事的都是为传统企业提供网上中介服务。

这种模式之所以称为水平B2B电子商务模式，是因为利用这种模式的行业广泛、企业众多，很多的行业和企业都可以在同一个网站上进行商务贸易活动。

3.3.3　B2B电子商务交易流程

B2B电子商务活动的三要素是买卖、合作和服务。其中，买卖指B2B网站平台为消费者提供质优价廉的商品，吸引消费者购买的同时促使更多商家的入驻。合作指与物流公司建立合作关系，为消费者的购买行为提供最终保障，这是B2B平台的硬性条件之一。服务指为消费者提供售后服务，从而实现再一次的交易。

在此基础上，B2B电子商务交易的流程为：

1.交易前的准备

这一阶段主要是指买卖双方和参加交易的各方在签约前的各种活动。

（1）买方根据自己要买的商品，筹备购货款，制订购货计划，进行货源市场调查和市场分析，反复进行市场查询，了解各个卖方国家的贸易政策，反复修改购货计划，确定和审批购货计划。再按计划确定购买商品的种类、数量、规格、价格、购货地点和交易方式等，尤其要利用Internet和各种电子商务网络寻找自己满意的商品和商家。

（2）卖方根据自己所销售的商品，召开商品新闻发布会，制作广告进行宣传，全面进行市场调查和市场分析，制定各种销售策略和销售方式，了解各个买方国家的贸易政策，利用Internet和各种电子商务网络发布商品广告，寻找贸易伙伴和交易机会，扩大贸易范围和商品所占的市场份额。其他参加交易各方——中介方、银行金融机构、信用卡公司、海关系统、商检系统、保险公司、税务系统、运输公司等也都为进行电子商务交易做好了准备。

2.交易谈判和签订合同

这一阶段主要是指买卖双方对所有交易细节进行谈判，将双方磋商的结果以文件的形式确定下来，即以书面文件形式和电子文件形式签订贸易合同。电子商务的特点是可以签订电子商务贸易合同，交易双方可以利用现代电子通信设备和通信方法，经过认真谈判和磋商后，将双方在交易中的权利和义务，以及所购买商品的种类、数量、价格、交货地点、交货期、交易方式、运输方式、违约和索赔等合同条款，全部以电子合同形式做出全面详细的规定，合同双方可以利用EDI进行签约，可以通过数字签名等方式签名。

3.办理交易前的手续

这一阶段主要是指买卖双方签订合同后到合同开始履行之前办理各种手续的过程，也是双方贸易前的交易准备过程。交易中可能涉及中介方、银行金融机构、信用卡公司、海关系统、商检系统、保险公司、税务系统、运输公司等。买卖双方要利用EDI与有关各方进行各种电子票据和电子单证的交换，直到办理完可以将所购商品按合同规定从卖方开始向买方发货的一切手续为止。

4.交易合同的履行和索赔

这一阶段是从买卖双方办完所有手续开始，卖方要备货、组货，同时进行报关、保险、取证等，卖方将买方所购商品交付给运输公司包装、起运、发货，买卖双方可以通过电子商务服务器跟踪发出的货物，银行和金融机构也按照合同处理双方收付款、进行结算、出具相应的银行单据等，直到买方收到自己所购商品，完成整个交易过程。索赔是在买卖双方交易过程中出现违约时，需要进行的违约处理工作，受损方要向违约方索赔。

参加交易的买卖双方在做好交易前的准备之后，通常都是根据电子商务标准的规定开展电子商务交易活动。电子商务标准规定了电子商务交易应遵循的基本程序。B2B电子商务交易流程如图3-3所示。

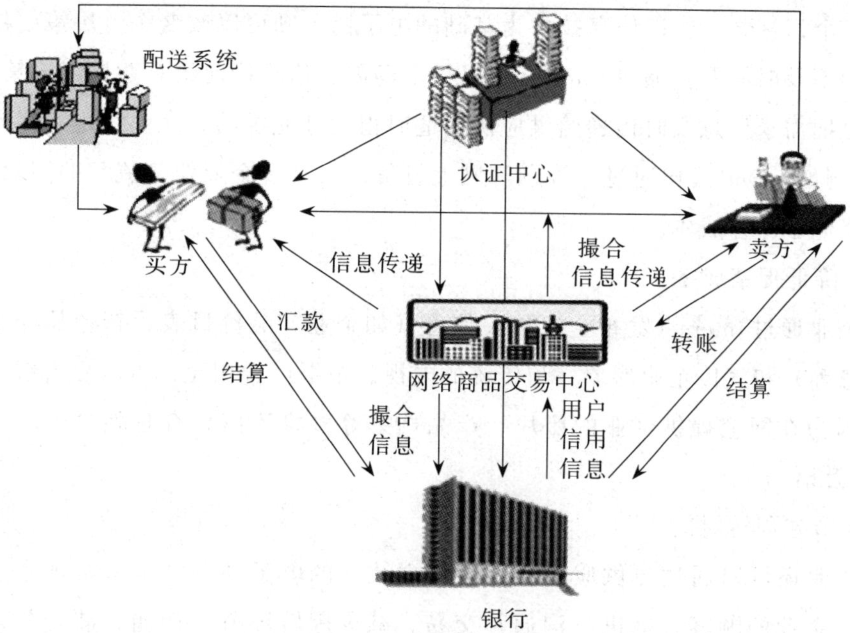

图3-3　B2B电子商务交易流程

3.3.4　B2B电子商务的优势

企业间的电子商务运用将带动企业成本的下降，同时扩大企业收入来源。下面将针对采购成本、库存成本、促销成本、周转时间和市场机会五个方面进行分析。

1.降低采购成本

企业通过与供应商建立企业间电子商务，实现网上自动采购，可以减少双方为进行交易投入的人力、物力和财力。另外，采购方企业可以通过整合企业内部的采购体系，统一向供应商采购，实现批量采购获取折扣。例如，沃尔玛将美国的3 000多家超市通过网络连接在一起，统一进行采购配送，通过批量采购节省了大量的采购费用。

2.降低库存成本

企业为应对变化莫测的市场需求，通常需保持一定的库存量。但企业的高库存政策将增加资金占用成本，且不一定能保证产品或材料是适销货品；而企业的低库存政策，可能使生产计划受阻，交货延期。因此寻求最优库存控制是企业管理的一个目标之一。以信息技术为基础的电子商务则可以改变企业决策中信息不确切和不及时问题。通过Internet可以将市场需求信息传递给企业用于决策生产，同时也把需求信息及时传递给供应商而适时得到补充供给，从而实现“零库存管理”。例如，Dell公司通过允许顾客网上订货，实现了企业业务流程的高效运转，大大降低了库存成本。

3.降低促销成本

企业通过Internet发布企业相关信息（如企业产品价目表、新产品介绍和经营信息等）和宣传企业形象，与传统的电视、报纸广告相比，可以更省钱、更有效。因为在网上提供企业的照片、产品档案等多媒体信息有时胜过传统媒体的“千言万语”。

4.节省周转时间

企业还可以通过与供应商和顾客建立统一的电子商务系统，实现企业的供应商与企业的顾客直接进行沟通和交易，减少周转环节。例如，波音公司的零配件是从供应商采购的，而这些零配件很大一部分是为了满足它的顾客——航空公司维修飞机时使用。为减少中间的周转环节，波音公司通过建立电子商务网站实现了波音公司的供应商与顾客之间的直接沟通，大大减少了零配件的周转时间。

5.扩大市场机会

企业通过与潜在的客户建立网上商务关系，一方面，可以覆盖原来难以通过传统渠道覆盖的市场，增加企业的市场机会。如Dell公司通过网上直销，有20%的新客户为中小企业，通过与这些企业建立的企业间电子商务，大大降低了双方的交易费用，增加了中小企业客户网上采购的利益动力。另一方面，B2B电子商务可以实现24小时/天无间断运作，增加了商机。传统的交易受到时间和空间的限制，而基于Internet的电子商务则是一周7天、一天24小时无间断运作，网上的业务可以开展到传统营销人员和广告促销所达不到的市场范围。

3.3.5 B2B电子商务的盈利模式

1.会员费

企业通过第三方电子商务平台参与电子商务交易，必须注册为B2B网站的会员，每年要缴纳一定的会员费才能享受网站提供的各种服务。目前会员费已成为中国B2B网站最主要的收入来源。例如，阿里巴巴网站收取中国供应商、诚信通两种会员费，中国供应商会员费分为4万元/年和6万元/年两种，诚信通的会员费为2 300元/年；中国化工网会员第一年的费用为12 000元，以后的综合服务费用为6 000元/年；五金商贸网中国的金视通会员费为1 580元/年；百万网的百万通会员费为600元/年等。

2.广告费

网络广告是门户网站的主要盈利来源，同时也是B2B电子商务网站的主要收入来源。例如，阿里巴巴网站的广告根据其在首页的位置及广告类型来收费；中国化工网有弹出广告、漂浮广告、Banner广告、文字广告等多种表现形式可供用户选择；ECVV网站提供固定排名、首页广告和关键字广告等多种方式。

3.竞价排名

企业为了促进产品销售，都希望自己在B2B网站的信息搜索排名中是靠前的，而网站在确保信息准确无误的基础上，会根据会员缴费的不同对排名顺序做相应的调整。阿里巴巴的竞价排名是诚信通会员专享的搜索排名服务，当买家在阿里巴巴搜索供应信息时，竞价企业的信息将排在搜索结果的前三位，会被买家第一时间找到。中国化工网的化工搜索是建立在全球最大的化工网站上的化工专业搜索平台，对全球近20万个化工及化工相关网站进行搜索，搜录的网页总数达5 000万个，同时采用搜索竞价排名方式，确定企业排名顺序。

4.增值服务

B2B网站通常除了为企业提供贸易供求信息以外，还会提供一些独特的增值服务，包括企业认证、独立域名、行业数据分析报告、搜索引擎优化等。像现货认证就是针对电子产品这个行业提供的一种特殊的增值服务，因为通常情况下，电子产品采购商比较重视库存。另外，针对电子型号所做的谷歌排名推广服务，就是搜索引擎优化的一种，如ECVV网站就有这种增值服务，企业对其都比较感兴趣。因此，可以根据行业的特殊性深挖客户的需求，然后提供具有针对性的增值服务。

5.线下服务

线下服务主要包括展会、期刊、研讨会等。通过展会，供应商和采购商可以面对面地交流，一般的中小企业比较青睐这种方式。期刊主要是介绍行业资讯等信息，期刊内也可以植入广告。Global Sources 的展会现已成为其重要的盈利模式，占其收入总额的1/3左右。而ECVV网站组织的线下展会和采购会也获得了不错的效果。

6.商务合作

在 B2B 电子商务的盈利模式中，商务合作是一种重要且多元化的途径，常见的基于商务合作的盈利模式为：广告与推广合作、数据合作、资源对接合作、战略联盟与联合拓展等。

3.4 C2C电子商务

3.4.1 C2C电子商务模式概念

C2C（Consumer to Consumer）是消费者对消费者的交易模式，其特点类似于现实商务世界中的跳蚤市场。由于个人消费者的资源有限，要实现C2C电子商务必须借助一个交易平台来连接买卖双方。全球最早的C2C电子商务平台是1995年9月4日由皮埃尔·奥米迪亚（Pierre Omidyar）在美国创立的eBay（如图3-4所示）。国内的C2C始于1999年8月，由邵亦波和谭海音在上海创立的易趣网（2003年被eBay全资控股），开启了国人对电子商务的疯狂。目前国内市场份额最大的C2C平台是由阿里巴巴于2003年5月10日投资成立的淘宝网，占据国内90%以上的市场份额。

C2C电子商务的盈利模式与B2C电子商务的盈利模式大同小异，其核心盈利在广告及竞价排名两大方面。C2C电子商务模式是所有电子商务模式中最简单、门槛最低的一种，它的大力发展对普及电子商务业态有非常积极的作用。

图3-4　eBay主页

3.4.2　C2C电子商务的特点

C2C电子商务的特点如下：

1.用户数量多，且身份复杂

由于C2C电子商务平台对于所有人都是开放的，有很多个人卖家和买家注册。

2.商品信息多，且商品质量参差不齐

卖家数量众多，商品种类众多，商品质量也就参差不齐。C2C比较类似于现实生活中的“小商品批发市场”，一个网站中同时存在数目众多的个体经营者，C2C电子商务网站起到一个现实中“市场管理者”的作用。

3.交易次数多，但每次交易的成交额较小

由于C2C电子商务中参加交易的双方尤其是买家往往是个人，因此其购买的商品数量较少。

4.柔性的价格机制

卖家给出商品的价格，买家可以洽谈、议价，双方可以讨价还价，从而使商品的价格更有弹性，更能体现公平竞争、公平交易的市场经济原则。

5.为买卖双方进行网上交易提供一系列配套服务

电子商务中最基本的三个要素是信息流、资金流和物流。C2C网站提供信息交流平台，改变了信息交流方式，扩大了信息交流范围，提供信息交流是C2C电子商务平台提供的最基本的服务。另外，C2C电子商务平台还需要满足买卖双方资金和货物的需求，为买卖双方提供支付平台和物流系统。

3.4.3 C2C电子商务交易模式及流程

C2C电子商务的参与主体主要包括作为买方的个人、作为卖方的个人和C2C电子商务交易平台。按照C2C电子商务交易平台的功能，C2C可以分为两种主要模式。

1.店铺平台运作模式

C2C电子商务典型的运作形式就是店铺运作模式。电子商务企业提供一个C2C电子商务交易平台，个人经过注册、审核，在交易平台上开办自己的网上店铺。电子商务平台提供各种信息交流平台及一系列配套服务，构建信用度评价机制，借助所有用户的监督力度来营造一个相对安全的交易环境，买卖双方可以24小时自由买卖各种商品。

店铺平台运作模式交易流程如下（如图3-5所示）。

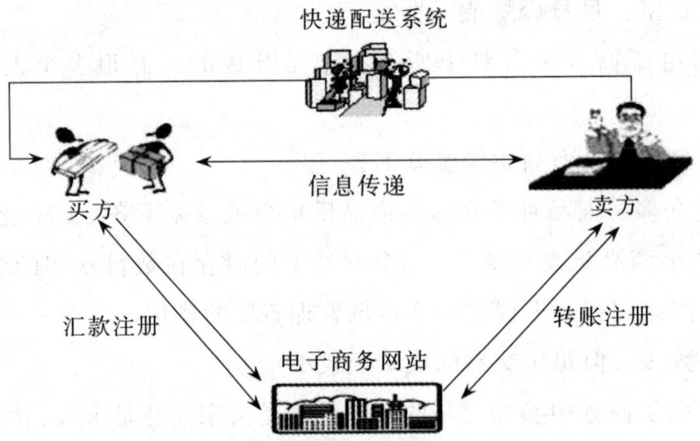

图3-5 C2C店铺平台运作模式交易流程

（1）卖方在C2C电子商务网站上申请开店，提交个人申请信息，网站进行审核，确认是否通过。

（2）店铺申请成功后，卖方发布商品信息，并由网站平台审核商品是否合法。

（3）买方进入卖方店铺选购商品，与卖方实时交流，选择付款方式，确定送货方式，形成订单。

（4）卖方按照要求发货，物流快递送货。

（5）买方收货、验货，确认付款。

（6）买卖双方互相做出评价。

2.拍卖平台运作模式

拍卖平台运作模式是以拍卖为主要交易方式的C2C电子商务运作方式，也就是在线拍卖，淘宝、拍拍等电子商务网站为网上拍卖提供了交易平台，买卖双方作为C2C用户参与在线竞卖与竞买。

网民在C2C网站上注册成为会员后，便可以将物品放到网站上进行拍卖，同时也可以参加其他拍品的竞拍。网上拍卖的物品需要事先设定起拍时间、终止时间和起拍价格。开始起拍后，竞拍者根据设定好的加价幅度进行叫价，到达终止时间时，出价最高的竞拍者获得拍品。具体拍卖交易流程如下：

（1）交易双方注册、登录C2C拍卖网站。

（2）卖方发布拍卖商品信息，确定起拍价格、截止日期等信息。

（3）拍卖平台认证用户的合法性和所填信息的真实性和准确性，确认后，将其信息显示在网站上。

（4）买方查询商品信息，进入竞拍网页，填写信息，参与网上竞价。

（5）系统认证用户的合法性和所填竞价信息的准确性，如果一切都正确则显示成功。

（6）买卖双方成交，买方付款，卖方交货，交易完成。

3.4.4 C2C电子商务盈利模式

1.交易服务盈利模式

C2C网站作为个人对个人交易服务模式的电子商务贸易平台，它本身并不直接参与交易，但它必须对交易双方及交易过程提供必要的、完善的服务，以最大限度、公平地保障交易双方的正当利益不受侵害，如淘宝等对交易双方进行基本信息的认证、审核，并提供保障电子支付安全性的措施如支付宝等。

从国外eBay的成功经验来看，C2C网站为交易双方提供安全可靠的交易平台，适当地收取部分服务费用作为网站正常运营的收益是完全可以的。但以中国市场上的网站来看，免费开店模式仍将持续很长一段时间，C2C网站盈利模式将以间接收费为主。

2. 特色服务与增值服务的盈利模式

在推行免交易服务费用的政策后，网站的优越性不变，特色服务与增值服务理所当然成为吸引用户的一大亮点。所谓特色服务与增值服务是以满足用户不同需求为服务理念，通过网站自身多方面的努力，为用户提供价值最大化的服务，从而提高其对网站的满意度并从中赢取合理比例的收入。总体来说，这是一个提高网站信誉与形象、增强网站竞争力的重要途径与方法。此种盈利模式有着非常广阔的应用前景与商业价值，也必将得到更好的发展与完善。

3. 网络广告盈利模式

C2C市场的持续繁荣，网络广告低投入、高收益的优势，使得越来越多的企业趋向网络，并将其作为宣传公司产品与企业信誉形象的重要渠道。C2C网站以其得天独厚的本质特点在这一市场占据明显优势。首先，C2C网站本身就是一个购物平台，对于广告投放者而言，他们在此平台上直接进行商品与服务的宣传与销售，其目标群体的精确性、广告收益的直接性、销售渠道的便利性是其他类型网站无法比拟的。其次，C2C网站每天都有大量的新增商品，包括众多特色商品及在生活中很难出售或购买的商品，其旺盛的资源活力对于有购物需求的网民来说，具有更大的吸引力与影响力，并可以吸引到更多的网民光顾网站，提高广告的收视率，从而迅速提高其经济效益。

4. 其他盈利模式

以上三种盈利模式基本包括了大部分C2C网站的盈利模式，部分网站推行的互联网增值业务、移动与电信增值业务，以及部分网站推出的搜索排名费用、VIP会员费用等，也是C2C网站盈利的一部分。新的盈利模式也在C2C网站的不断发展中逐渐规范化，为其带来利润。

表3-3是B2C和C2C电子商务的优劣势比较。

表3-3　**B2C和C2C电子商务的优劣势比较**

项目	B2C	C2C
优势	（1）产品质量比较有保证； （2）比较容易获得信任	（1）价格灵活性高； （2）资源多，产品多； （3）成本低，产品价格低
劣势	（1）产品相对局限； （2）自身参与物流、客服等环节，成本高； （3）产品价格高	（1）产品质量参差不齐； （2）卖家门槛太低，不能完全保证诚信

本章小结

本章从商业模式概念入手，过渡到电子商务商业模式，根据参与者的不同，对电子商务商业模式进行分类。分别介绍B2C、B2B、C2C三种商业模式的概念、交易流程和盈利模式等。其中，三种商业模式各自的优势，以及它们之间的对比需要着重把握。

思考与练习

1.什么是B2C电子商务模式？其交易流程和盈利模式分别是什么？

2.什么是B2B电子商务模式？其交易流程和盈利模式分别是什么？

3.什么是C2C电子商务模式？其交易流程和盈利模式分别是什么？

4.腾讯、阿里巴巴的盈利模式有哪些？

5.商业模式的设计要素是什么？

6.B2C和C2C的优劣势分别是什么？

第4章

新兴的电子商务模式

学习目的与要求

熟悉四类新兴的电子商务模式；

了解新兴的电子商务模式的发展背景，掌握其概念及特点；

掌握新兴的电子商务模式的优势，明确各类电子商务模式的盈利模式。

素养目标

分析国内外成功的新兴电子商务模式案例，提炼其成功经验，理解其背后的商业逻辑和创新点，提升解决实际问题的能力；关注电子商务行业发展，及时了解新兴电子商务模式的动态和趋势，从而强化学生的媒介素养，提高他们文明上网、健康上网的意识，帮助学生树立正确的网络文明意识。

中国互联网络信息中心（CNNIC）发布的第54次《中国互联网络发展状况统计报告》显示，截至2024年12月，我国网民规模接近11亿人，互联网普及率为78%，庞大的网民构成了中国蓬勃发展的消费市场，也为数字经济发展打下了坚实的用户基础。当前，数字经济已成为经济增长的新动能，新业态、新模式层出不穷。我们也看到，随着互联网日趋成熟，电子商务模式也在B2B、B2C、C2C等基本模式的基础上涌现出更多的新商业模式，从而给互联网用户和网购消费者带来更多的选择和更多的收益。随着电子商务的崛起，O2O电子商务、网络团购、社会化电子商务和移动电子商务等新兴的电子商务模式展现出新的优势和特点，并推动着整个市场飞速发展。

4.1 O2O电子商务

O2O（Online to Offline）是一种互联网与实体商务相结合的商务模式，当标准化的产品在普通电子商务模式下取得成功时，需要落地体验、落地支持的服务产品，选择O2O模式，迅速走出了一条新路。

4.1.1 O2O电子商务的背景及概念

随着互联网技术的日新月异和电子商务的飞速发展，顾客价值至上的网络营销理念深入人心，实体经营模式受到了巨大的冲击，特别是实体零售业，在人工成本、租金和各种费用的压力下，利润明显下降；与此同时，传统的电子商务竞争日趋激烈——平台推广难，品牌运营效果差，投资巨大且回报率低下。因此，涉及电子商务信息流、物流、资金流和全面服务的线上线下相互结合的营销模式呼之欲出，无疑给迷茫的传统经济企业带来了不一样的希望，从某种意义上来说，这正契合了零售企业发展的需要。

O2O，即线上（Online）网店线下（Offline）消费，是一种新的现代商务模式，通过电子商务平台，将线上虚拟经济与线下实体经济相结合，让互联网成为线下交易的前台，使得消费者在享受线上优惠价格的同时，又可享受线下贴心服务。O2O模式是企业在线网络营销、消费者线下体验和双方达成交易并在线支付的闭环消费系统。

4.1.2 O2O电子商务模式运作流程及盈利模式

1.O2O电子商务模式运作流程

通过O2O电子商务平台，连接线上消费者和线下商家，实现线上交易和线下体验或享受。服务的流程是：消费者通过电子商务平台将消费需求和商业价值传递给商家，商家在网络上接收消费者需求和商业价值，通过线下实体店提供产品或服务。运作流程如图4-1所示。

（1）线上平台作为线下消费决策的入口，可以汇聚大量有消费需求的消费者，或者引发消费者的线下消费需求。常见的O2O平台引流入口包括：消费点评类网站，如大众点评；电子地图，如百度地图、高德地图；社交类网站或应用，如微信、微博。

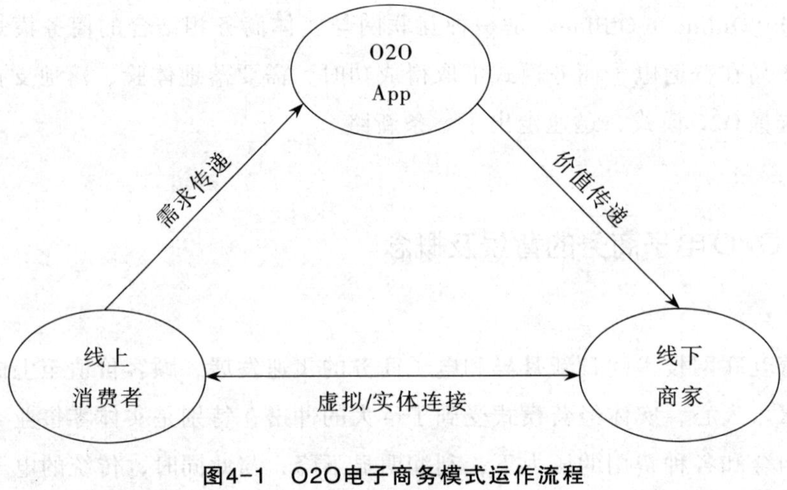

图4-1　O2O电子商务模式运作流程

（2）线上平台向消费者提供商铺的详细信息、优惠（如团购、优惠券）、便利服务，方便消费者搜索、对比，并最终帮助消费者选择线下商家、完成消费决策。

（3）消费者利用线上获得的信息到线下商家接受服务、完成消费。

（4）消费者将自己的消费体验反馈到线上平台，有助于其他消费者做出消费决策。线上平台通过梳理和分析消费者的反馈，形成更加完整的本地商铺信息库，可以吸引更多的消费者使用线上平台。

（5）线上平台为消费者和本地商家建立沟通渠道，可以帮助本地商家维护消费者关系，使消费者重复消费，成为商家的回头客。

2.O2O电子商务盈利模式

O2O电子商务的盈利模式包括：

①产品或服务的差价；

②网络广告收入；

③按商家实际销售所获取的佣金收入；

④收取会员费；

⑤其他收入来源。

4.1.3　O2O电子商务模式优势

1.将线上和线下相结合，彰显顾客价值至上

充分利用O2O平台和互联网海量用户的资源优势，强化网络品牌宣传，营造广告效应；同时充分挖掘线下资源，将线上交易和线下体验相结合，进而促成线上用户与线下商家达成交易，全方位体现顾客价值至上的理念。

2.在线交易数据可追踪，经营效果透明度高

O2O平台具有功能强大的数据库系统，能够准确记录和统计所有线上和线下消费行为，通过数据挖掘，客观分析消费者的需求和偏好，进而为消费者提供更多优质的产品和服务。O2O模式规避了传统营销模式的营销效果不可预测性，经营效果透明度高。

3.信息透明度更高，信息更加对称

O2O模式打通了线上线下的信息共享和体验环节，使得信息更加透明和对称，让消费者掌握了更加全面的交易信息，避免了因信息不对称而遭受的“价格蒙蔽”，同时实现了线上消费者的“售前体验”。

4.拓宽了电子商务的发展方向，由规模化走向多元化

传统的电子商务行业以B2C模式为主，同质化现象严重，竞争也越来越激烈。O2O模式实现线上虚拟经济与线下实体经济的融合，具有广阔的市场空间，它将引导电子商务行业走向蓝海，拓宽电子商务的发展方向，由规模化走向多元化。

4.1.4　企业参与O2O电子商务的主要方式

1.自建O2O电子商务平台模式

资金雄厚的大型企业，根据企业的发展需要，投入资金自建O2O电子商务平台，采取网上平台加实体连锁店或者加盟店的形式进行经营。该模式适合全国性大型连锁企业，如苏宁电器（苏宁易购）以及其他大型商超等。缺点是资金投入大、运营推广难度大。

2.加入全国性的O2O电子商务平台

由于自建O2O电子商务平台投资巨大，经营推广难度高，大多数企业可以

加入全国性的第三方O2O电子商务平台，借助第三方平台的联盟力量，迅速推广，招揽客户。

3.建设微网络商城系统

微信、微博等新媒体以及微支付工具的迅猛发展也为O2O模式的多元化发展开拓了途径。企业可以建设微网络商城系统，开展各种促销或采用预付款的形式，线上销售线下服务。

4.1.5 O2O电子商务的发展前景

未来的O2O将是一种多层次、多维度的复合生态体系，不断向多元化和纵深化发展。例如，O2O模式会演变出平台型、外包型、直营型、合作型、区域型、垂直型等多种形态。它们之间虽然不会完全没有竞争，但更多的是互补与合作，形成一种共生共赢关系。O2O具有典型的区域性特点，主体业务是基于实体商业，与实体商业之间是一种对应关系，这就决定了它也将会像实体商业一样百花齐放，很难出现一统天下的局面，虽然也会有“巨无霸”级的企业存在，但“巨无霸”不等于一统天下，细分领域的龙头企业会有很强的竞争优势，只有体量上的大小之分，但没有绝对意义上的强弱之分。

未来的O2O将是实体经济和虚拟经济等多种形态共生共存。传统商业在业态上有百货店、大卖场、便利店、购物中心、美食城、酒店等，品类上有专卖店、专业店，架构上有全国连锁店、区域连锁店、单店以及直营店、加盟店等，都是多种形态共生共存，从没出现过一家通吃的情况。其实即便是突破了区域制约、理论上能够实现一统天下的商品加物流的电商模式，现在也在不断地涌现出细分龙头。这是商业的自然规律，有利于整个商业的生态健康，也有利于促进创业和就业。

案例阅读4-1　　**苏宁易购**

苏宁易购，是苏宁云商集团股份有限公司旗下新一代B2C网上集成购物平台，自2011年起，苏宁易购意识到互联网零售转型发展的重要性。随后，其史无前例地在行业内提出了O2O模式。2014年，其已初步完成O2O模式的布局，进入O2O战略执行阶段。至2016年，苏宁易购在O2O领域则可被称为“业内先行者”了。2017年，公司全渠道销售规模达2 433亿元，同比增长近30%，成功迎来O2O行业盈利的拐点。

从商业模式要素的结构来看其O2O商业模式。第一，价值主张。苏宁易购在价值主张上的创新，表现为在消费升级的变化时期，抓住“新零售”契机，打破线上线下界限，基于大数据挖掘出用户消费行为习惯，全方位、深层次满足顾客的多种需求。第二，价值网络。苏宁易购在价值网络上的创新，可以用一句话概括，那就是尽可能集成所有价值网络资源，包括横向和纵向。第三，核心资源（能力）。苏宁易购依靠苏宁云商集团这一强大背景的有力支持，具有了其他竞争对手难以相比的竞争优势。苏宁易购率先完成与O2O业务相匹配的组织结构的大改造，以及多年建设的渠道优势、零售管理能力，都是苏宁易购能够在短短几年间超越众多竞争对手的核心资源和能力。第四，收入组合。作为O2O的最高阶形式——云商模式，苏宁易购在商业模式的组合上，可以说囊括了一切可获得收入的模式。

苏宁易购的成本，目前还处于高昂期。为了应对线下强劲对手的竞争，在配送环节，大规模地增加物流配送设施使得这部分成本负担加重，部分消耗了由线上运营所累积的成本优势，以至于半数以上的苏宁易购服务站到2016年下半年才开始逐渐盈利。值得庆幸的是，2017年全年，苏宁易购全年净利润暴涨了近5倍。

苏宁易购作为江苏省老牌零售企业苏宁集团转型后的O2O新零售企业，在整个社会零售业转型的契机下，以超前的战略眼光占据了市场先机，成为国内首家拥有线上线下强大优势的企业（线下第一，线上第三），也成为同行竞争者赶超的目标。

4.2 网络团购模式

网络团购模式指的是通过互联网团购网站或相关应用程序等线上平台，聚集具有相同购买意向的消费者群体，这些消费者为了获得更优惠的价格、更好的服务或者其他消费权益，联合起来向商家批量采购特定商品或服务的一种商业模式。

4.2.1 网络团购模式的背景及概念

随着全球服务业和互联网经济的不断发展与融合，人们开始借助互联网的凝聚力量来聚集资金，加大与商家的谈判能力，取得价格上的优惠，这使得网络团购得到了越来越多消费者的青睐。2009年美国GrouPon企业的快速发展，受到各方的普遍关注。2010年1月，国内首家团购网站——满座网上线后，国内网络团购行业整体呈现爆发增长趋势，美团网、拉手网等团购网站紧随其后，中国网络团购市场异常火爆。数据显示，团购网站发展的高峰在2011年9月，共计5 058家，到2019年年底，存在的团购网站只有2 000多家。

网络团购（Business to Team，B2T），也称团体采购，是继B2B、B2C、C2C后的又一电子商务模式，是指一定数量的消费者通过互联网渠道组织成团，以折扣购买同一种商品。网络团购的主体大体可以分为三类：购买者、销售者、组织者，三类主体结合方式的不同，也决定了网络团购具体形式的不同。

中国团购网站分类见表4-1。

表4-1　　中国团购网站分类

<table>
<tr><th>分类标准</th><th>类别</th><th>特点</th><th>实例</th></tr>
<tr><td rowspan="2">团购商品种类</td><td>以服务类为主</td><td>消费有地域性，无法批量生产</td><td>美团网、大众点评网</td></tr>
<tr><td>以实物类为主</td><td>消费无地域性，可批量生产</td><td>淘宝聚划算、聚美优品</td></tr>
<tr><td rowspan="2">网络网站收入模式</td><td>平台式团购网站</td><td>团购网站仅为团购活动提供交易平台，不介入团购商品的定价、配送等实际交易环节；收入来自佣金服务</td><td>淘宝聚划算、QQ团购</td></tr>
<tr><td>自助式团购网站</td><td>团购网站负责团购活动前后的各个环节，包括商户联络、定价、配送及售后服务；收入来自组织的团购商品销售</td><td>美团网、高朋网</td></tr>
</table>

4.2.2　网络团购模式的运作流程及盈利模式

1.网络团购模式的运作流程

（1）顾客从各个卖场或其他渠道了解自己想要购买的商品品牌、型号及对应的市场最低价格。

（2）顾客提交团购意向订单，或者电话咨询团购在线客服人员，了解对应商品的团购价格，确定是否参与团购。

（3）确定团购后，交纳订金（订金可自行到团购在线网站交纳，现场团购则会将订金直接交给供货商家），顾客获得注明团购优惠政策的团购订单。

（4）顾客凭团购订单到指定销售点办理提货手续，或者直接电话通知商家送货。

（5）顾客验货付款，索要相关票据、质保书等，完成团购。

2.网络团购模式的盈利模式

网络团购模式的盈利模式包括：商品代售收入、交易佣金、会员收费、商家服务费、广告费和加盟授权费。

4.2.3 网络团购模式的优劣势

1.网络团购模式的优势

对消费者而言：

（1）降低交易成本。

通过参加网络团购，可以有效降低交易成本，从而在保证产品、服务质量的前提下，以低于市场最低零售价格的价格购入心仪的产品。

（2）消费者掌握主动权。

网络团购彻底打破了传统交易模式中消费者的弱势地位，改善了市场不透明、信息不对称等现象，使消费者更好地掌握主动权，选择自己所需要的最满意产品和最优质服务。

（3）消费者权益得到保障。

一般情况下，团购发起者具有较强的商品鉴别能力，加之团队的力量总是大于个体，在发生商品质量纠纷时，网络团购可以增加个人谈判的筹码，保障消费者的利益。

（4）满足了消费者个性化的需求。

在传统消费模式中，巨大的寻找成本阻碍了很多个性化的消费需求。但通过网络，消费者可以联合部分有共同需求的人，形成一定的市场规模，增强个体消费者的讨价还价能力。

（5）丰富消费者的产品知识。

团购群体内部可以通过交流，丰富单个消费者对相关产品的知识和经验，增强对该种商品的谈判能力。

对经销商和厂家而言：

（1）降低销售渠道费用。

通过网络团购，经销商和厂家可以增加单笔交易量，缩短交易渠道，从而有利于降低经销商和厂商的渠道费用，实现规模经济。

（2）加快出货速度。

网络团购集中了大批消费者，大批的购买数量可以加快经销商的出货速度，降低厂商的库存，提高存货周转速度和现金周转率，从而增加利润空间。

（3）赢得顾客忠诚度。

厂家可以通过网络团购迅速抢占市场，获得一定的知名度，再加以后续完善的售后服务，最终赢得顾客的忠诚度。

（4）了解产品需求信息。

通过网络团购，企业可以真实快速地了解到消费者的购买信息，从而生产出更为适销对路的产品，在一定程度上打破了信息不对称的阻碍。

2.网络团购模式的劣势

网络团购模式的劣势包括：

①交易时间较长，成交率偏低；

②商家鱼龙混杂，易将团购变成促销；

③网站建设、组织运作尚不规范；

④售后服务维权艰难。

4.2.4 网络团购模式的发展前景

1.竞争激烈，优胜劣汰，但发展空间巨大

中研普华产业研究院发布的报告显示，2023 年社区团购行业的交易规模达到 3 228 亿元，同比增长 53.71%，2023 年社区团购行业用户规模为 6.78 亿，同比增长 8.3%。中国主流团购网站的访问次数和日均覆盖人数都呈现上涨的趋势。团购俨然已经成为消费者最主要的消费形式之一，并极大地带动了国内市场经济的发展。

2.创新团购网站的商业模式

团购的本质，是将服务业电子商务化，即将线下的剩余服务能力与线上的消费相结合。针对当前消费者日益理性的趋势，团购网站以往粗放、求全求大策略的效果已然有限，精细、有特色的服务是今后团购网站的核心竞争力，这种竞争力一方面来自团购网站与服务提供商的紧密合作，另一方面来自团购网站自身服务支撑能力的不断完善和商业模式的创新。种种迹象表明，团购网站正在加紧“内功”的修炼，相信团购市场将进一步整合和趋于成熟。

3.加强监管，促进健康发展

团购网站已经迎来发展的春天，想要健康发展，必须要有相应的法规作为支撑。针对目前部分团购网站诚信缺失等问题，可以借鉴美国等发达国家的经验，监管方和投资方均应抱着责任心，谨慎行事，让团购在法律的天空下健康发展。

4.3　社会化电子商务模式

随着互联网技术的发展，Web 2.0为用户提供了更加快捷、便利和舒适的功能与环境，互联网使用者的数量也是逐年增多并超过总体人数的一半以上。以网络的形式进行购物、社交等社会活动也成为人们日常生活中必要的一部分，社交网络媒体和电子商务不断融合，成为一种新型的商务模式——社会化电子商务（Social Commerce）。

4.3.1　社会化电子商务模式的概念

社会化电子商务模式是电子商务与社交网络媒体相互融合的产物，是基于人际关系网络，利用互联网社交工具，从事商品或服务销售的经营行为，是新型电子商务的重要表现形式之一。

用户、信息、组织是社会化电子商务模式的主要组成部分。用户包括个体用户和组织用户。用户是社会化电子商务模式发展中的核心驱动要素，用户数量及其活跃度是平台吸引商家进驻的有力支撑。信息是价值创造的源泉，是用户互动的信号传递，更是数据挖掘的直接依据。组织包括商家、企业和社交网络运营商等组织，是重要的参与主体和利益的分享者。三者在社会化电子商务平台上构建联系，用户互动（与组织的互动、用户间的互动）生成信息，平台利用云计算和大数据分析技术对信息进行分析与挖掘，分析的结果为组织的研发、生产和销售、服务提供依据，组织在此基础上就可以针对用户的个性化需求提供异质性的服务。社会化电子商务模式的结构示意图如图4-2所示。

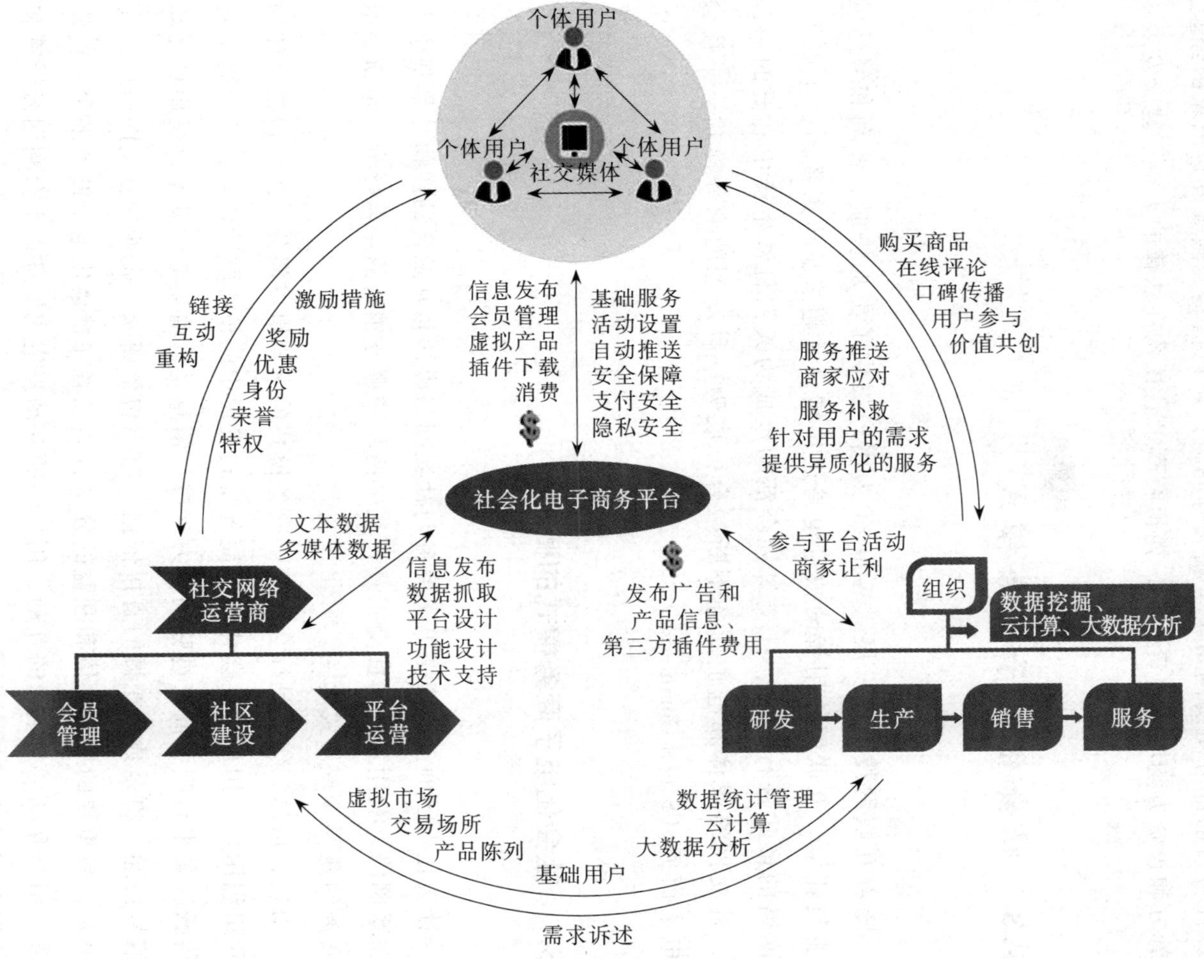

图4-2 社会化电子商务模式的结构示意图

4.3.2 社会化电子商务模式的四大类型

从具体的呈现形式看，可将当前的社会化电子商务平台划分为4种模式，如图4–3所示。

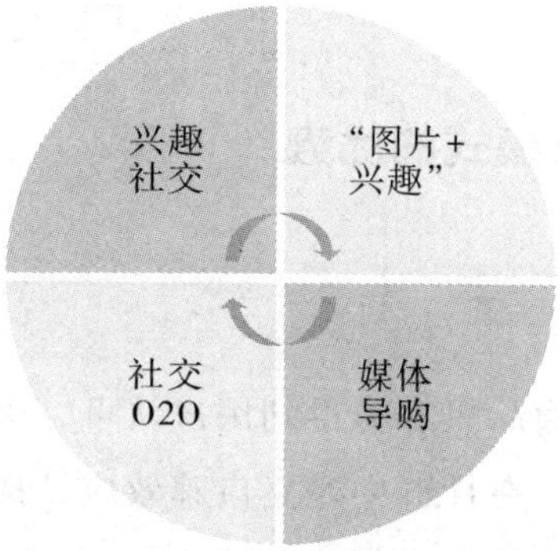

图4–3 社会化电子商务模式的4种类型

1.兴趣社交模式

兴趣社交模式以蘑菇街、美丽说为典型，满足了用户的逛街需求，商务模式也明确直接，具有较强的盈利能力。

2.“图片+兴趣”模式

“图片+兴趣”模式以花瓣网为代表，这种模式在国外的代表是Pinterest，即“Pin（图钉）+Interest（兴趣）”，用户可以将自己感兴趣的内容用图钉钉在钉板（PinBoard）中。其优势是简单、互动性强、有很强的视觉冲击效果，容易快速吸引和聚集起大量用户，不过在盈利方面需要大量用户作为支撑。

3.媒体导购模式

媒体导购模式以逛逛网为代表，媒体属性突出，能够让用户像阅读时尚杂志一样在浏览时深刻感受商品的魅力和价值，进而促成消费行为。不过，这一模式缺乏互动性，不容易实现用户聚合与沉淀。

4.社交O2O模式

社交O2O模式，即以线上线下互动促进消费。以大众点评网等为代表的线上导购、线下消费模式，特点是用户有着明确的消费目标，娱乐属性弱，对商品方面的要求较高。以好多巴多为代表的线下体验引流、线上消费模式的特点是用户黏性较高，重复购买率高，但需要布局大量线下网点。

4.3.3 社会化电子商务模式的盈利模式

社会化电子商务模式的盈利模式包括：广告收入、佣金提成、增值服务和第三方插件应用分成等。

4.3.4 社会化电子商务模式的优势

1.黏性大、互动性强

基于熟人关系推荐的商品更容易得到用户认可，由此发展而来的社会化电子商务能够提高营销针对性，在社群中建立口碑效应，提高用户对自身产品及品牌的认可度，增强用户黏度，最终实现商业转化。

2.在互动中把握消费者的个性化需求

社会化电子商务能够提高消费者为高性价比商品付费的意愿。传统电商主要依赖商品搜索功能向消费者推荐产品，相比之下，社会化电子商务拥有鲜明的社交属性，能够与消费者及时互动，并可通过意见领袖的推荐增强用户的信赖感。

所以，很多用户更倾向通过社会化电子商务平台选购非必需性产品。从转化率的角度分析，传统电商的转化率通常达不到1%，而社会化电子商务的转化率可达6%～10%，明显高于传统电商，若电商平台与优秀网红合作，甚至能够实现20%的转化率。

3.可加强成本控制

社会化电子商务的崛起改变了传统电商多级搜索类目的产品展示方法，为商家增设流量入口，并采用场景化营销方式，实现了平台入口与消费群体之间的高效连接。能够根据用户的特征将其分到不同群体中，基于数据收集和深度处理，与用户展开双向沟通，根据用户需求安排产品生产、设计及营销等各个流程，进而提高营销的针对性，在实现电商运营成本控制的同时，也使消费者能够快速找到自己所需的产品。

4.3.5 社会化电子商务模式的发展前景

随着社交网站和电子商务的快速崛起，社会化电子商务正变得炙手可热。

一方面，使用社会化媒体的人数和花在上面的时间都在增加，在美国，近4/5的成年人使用社交网络，经常上网的人将上网时间的23%花在了社交网络和博客上，其中70%的社交网络用户有网上购物行为。

另一方面，各类企业开始把社会化电子商务当成进行品牌营销和产品推广的一部分，通过社会化电子商务，能更好地到达目标用户，提高了销售、增加了收入、促成了自身用户社区的增长。

4.4 移动电子商务模式

伴随着整个社会经济和科技的迅猛发展，移动电子商务的兴起和发展也日益呈现出快速、深入和全面的形势。自从2012年以来，大数据、社会化营销、O2O模式、电商平台、全网营销、电商金融（即互联网金融，P2P模式）、移动支付、移动电商等概念和领域的不断普及和完善，移动电子商务也逐步成为目前最主流的消费方式之一。

移动电子商务类应用在移动支付的推动下，正历经跨越式发展，在网络应用中的地位愈发重要，使用手机网上支付、手机网络购物、手机网上银行和手机旅行预订应用的网民规模半年增长速度均超过40%，带动整体互联网商务类应用增长。

4.4.1 移动电子商务模式概念及特点

移动电子商务（Mobile e-Commerce）是由电子商务（E-Commerce）的概念衍生出来，电子商务以PC机为主要界面，是有线的电子商务；而移动电子商务，则是通过智能手机、平板电脑这些可以装在口袋里的终端与我们谋面，无论何时、何地都可以进行。有人预言，移动商务将决定21世纪新企业的风貌，也将改变生活与旧商业的格局。移动电子商务就是利用智能手机、平板电脑等无线终端进行的B2B、B2C、C2C或O2O的电子商务。它将互联网、移动通信技术、短距离通信技术及其他信息处理技术完美地结合，使人们可以在任何时间、任何地点进行各种商贸活动，实现随时随地、线上线下的购物与交易、在线电子支付以及各种交易活动、商务活动、金融活动和相关的综合服务活动等。

移动电子商务的产生和存在必然有其合理性，这体现在它所具备的一些特点上：①方便；②不受时空限制；③安全；④开放性、包容性；⑥潜在用户规模大；⑦易于推广使用；⑧迅速灵活。

4.4.2 移动电子商务模式的优势

1.不受时空限制

由于移动终端的便携等特性，其普及率越来越高，用户可以在任何时间和地点，根据自身需要使用移动终端连接互联网，进而进行网上购物、交易等商务活动。

2.更好的个性化服务

个人的移动终端可以根据自身需求，装载符合自己特定需要的各种应用软件，这样对于移动电子商务的运营商、服务商而言，可以更有针对性地对个人的兴趣、爱好、消费习惯等进行把握，进而在大数据的挖掘和处理的支持下，能够给个人提供更有针对性的个性化服务。

3.信息的获取更为及时

目前的移动终端均可实现24小时全天候接入互联网，通过对互联网技术的应用，可以及时获取各方面的实用信息。如通过移动技术的应用，衍生出来的基于本地生活化的服务、地理位置服务等，都是及时获取信息的一种技术体现。

4.基于位置的服务

由于移动终端的特性，其位置会随使用者的位置发生变化，根据当前所处位置的不同，可以提供与该位置相关的各种信息和数据，从而极大地方便了使用者通过移动终端进行各种电子商务活动。

5.网上支付更加方便快捷

移动终端具有极强的私密性，从而可以避免传统电子商务进行网上支付时，出于安全考虑而使用的加密狗、U盾等技术的繁琐，不仅网上支付更加安全，而且也更加快捷。

表4-2总结了传统商务、电子商务和移动电子商务在时间、空间和成本上的特点，从而可以进一步反映出移动电子商务的优势。

表4-2　　传统商务、电子商务、移动电子商务的对比

对象	传统商务	电子商务	移动电子商务
时间	绝对限制	低限制	零限制
空间	绝对限制	低限制	零限制
成本	高	低	低

4.4.3　移动电子商务模式的应用

1.银行业务

移动电子商务使用户能随时随地在网上安全地进行个人财务管理，进一步完善互联网银行体系。用户可以使用其移动终端核查账目、支付账单、转账及接收付款通知等。

2.股票交易

移动电子商务具有即时性，因此非常适合股票交易等应用。移动设备可用于接收实时财经新闻和信息，也可确认订单并安全地在线管理股票交易。

3.门票

通过互联网预订机票、车票或入场券已经发展成为一项主要业务，其规模还在继续扩大。移动电子商务使用户能在票价优惠或航班取消时立即得到通知，还可随时支付票款或在旅行途中临时更改航班或车次。借助移动设备，用户可以浏览电影剪辑、阅读评论，然后订购邻近电影院的电影票。

4.购物

借助移动电子商务，用户能够通过移动通信设备进行网上购物，如订购礼物、食品等。传统购物也可通过移动电子商务得到改进，如用户可以使用无线电子钱包等具有安全支付功能的移动设备，在商店或自动售货机上购物。

5.娱乐

移动电子商务将带来一系列娱乐服务。用户不仅可以利用移动设备收听音乐，还可以订购、下载特定的曲目，而且可以在网上与朋友们玩交互式游戏，还可以参加快速、安全的博彩等活动。

6.无线医疗

这种服务是在时间紧迫的情形下，向专业医务人员提供关键的医疗信息。医疗产业十分适合移动电子商务的开展。在紧急情况下，作为治疗场所的救护车可以借助无线技术在行驶中同医疗中心和患者家属建立起快速、实时的数据交换，这对每一秒钟都很宝贵的紧急情况来说至关重要。无线医疗使患者、医生、保险公司都可以获益，他们也会愿意为这项服务付费。

7.移动应用服务

一些行业需要经常派遣工程师或工人到现场作业。在这些行业中，移动应用服务提供商（MASP）将有开展业务的巨大空间。移动应用服务提供商结合定位服务技术、短消息服务技术、无线应用协议（WAP）技术及呼叫中心技术，为用户提供及时的服务，提高用户的工作效率。过去，现场工作人员在完成一项任务后需要回到总部等待下一项任务；现在，现场工作人员直接用他们的手持通信设备接受工作任务，并根据所在的位置、交通的状况及任务的紧急程度，自动安排各项工作，使用户得到更加满意的服务。

延伸阅读4-1

手机版淘宝网和支付宝

2008年2月27日，阿里巴巴集团旗下两大子公司——国内最大的网络零售商淘宝网、国内最大的独立第三方支付平台支付宝在杭州联合宣布进入无线互联网市场，执行移动电子商务战略。淘宝网大规模公开测试手机版淘宝网（wap.taobao.com），进军无线零售领域；支付宝也推出手机支付业务，以推进国内移动支付业务的发展。手机淘宝、支付宝界面如图4-4所示。

用户可持开通上网服务的手机，登录淘宝网（wap.taobao.com），查询信息、比价，使用支付宝手机支付服务购买产品。其手机操作界面与网页操作界面相同，淘宝及支付宝用户均可使用其原有账户，无须重复注册。

图4-4 手机淘宝、支付宝界面

作为国内电子商务的领跑者，淘宝与支付宝拥有众多的用户资源。截至2019年6月，淘宝网用户规模已达7.55亿，年度活跃消费者达6.74亿，全球支付宝用户超过12亿，实现了半年20%的用户增长率。目前，淘宝网网络零售市场份额超过75%，支付宝在线支付市场份额达53%，两者进入移动电子商务市场具备先天优势。另外，淘宝模式与支付宝模式具备较高的可移植性，能迅速应用于手机电子商务。

4.4.4 移动电子商务模式的发展前景

合作和多元化发展模式是非常重要的，将会成为市场经济的发展主体。所谓的合作发展，就是要和各个领域的各个企业进行合作，创造出完善的移动电子商务发展链条。比如，可以与一些大型的商家进行合作，创建专属的物流公司，并且对其进行军事化的管理，保证快递人员对消费者的信息进行保密。另外，还可以建立专门的服务站点，就是在一些主要的城市建立电子商务的实体平台，在消费者完成支付之后，按照消费者的所在地进行货物的派发，避免消费者等待太长的时间，实现移动电子商务的便捷性。在推行移动电子商务合作发展的同时，还要实行多元化的发展，主要是指将业务多元化，比如，各个品牌的鞋子商家可以进行合作，从而推出多元化的鞋子产品，为消费者提供更加广泛的购物选择。

综上所述，移动电子商务正以前所未有的速度影响改变着我们的日常生活和商业模式，找出未来移动电子商务发展的趋势，才能促进移动电子商务更好、更快地发展。

本章小结

本章根据新兴的电子商务模式种类分为4部分，分别是O2O电子商务、网络团购模式、社会化电子商务模式和移动电子商务模式。本章分别从概念、运作和盈利、优势、发展前景几方面对4种模式进行介绍，其中新兴的电子商务模式优于传统电子商务模式的地方需要着重记忆。

思考与练习

1.什么是O2O电子商务模式？其运作流程和盈利模式分别是什么？

2.什么是网络团购电子商务模式？其运作流程和盈利模式分别是什么？

3.什么是社会化电子商务模式？它分为几种类型？分别是什么？

4.什么是移动电子商务模式？它在时间、空间和成本上与传统商务、电子商务的区别在哪？

5. 4种新兴电子商务模式的优势分别是什么？

第5章

电子商务物流

学习目的与要求

了解电子商务物流的相关知识；

理解物流与电子商务之间的关系；

了解电子商务物流配送的基本流程；

掌握电子商务下的物流模式；

了解电子商务物流管理的主要技术。

素养目标

了解电子商务物流各个环节和要素之间的关系，探索电子商务物流管理领域的新思路、新方法；能够根据电子商务企业的实际需求，合理选择合适的物流模式，关注电子商务物流行业发展，及时了解行业动态和趋势。了解中国物流业和快递业的发展，了解农村电商和供应链管理的结构、特征及运行机理，为乡村振兴出力。

电子商务物流的概念是伴随电子商务技术和社会需求的发展而出现的，它是电子商务真正的经济价值实现不可或缺的重要组成部分。如果没有高效、合理、畅通的物流系统的支持，网购产品就难以到达消费者手中，订单履行就难以顺利进行，电子商务所具有的优势就难以有效发挥。电子商务下的物流既有利于减少生产企业库存、加速资金周转、提高物流效率、降低物流成本，又刺激了社会需求，有利于整个社会的宏观调控，促进市场经济的健康运行及电子商务的纵深发展。由此可见，现代化的物流是电子商务的重要组成部分，可以说，电子商务的发展把物流业提升到了前所未有的高度，电子商务为物流企业提供了一个空前发展的机遇，而现代物流的发展又促进了电子商务的进一步发展。

5.1 电子商务物流概述

5.1.1 电子商务物流的概念

物流的定义：物品从供应地到接收地的实体流动过程，根据实际需要，将运输、储存、装卸、搬运、包装、流通加工、配送、信息处理等基本功能实施有机结合。

电子商务物流，是在传统物流概念的基础上，结合电子商务中信息流、商流、资金流的特点而提出的，是电子商务环境下，物流的新的表现形式。因此，电子商务物流的概念可以表述为：“指基于信息流、商流、资金流网络化的物资或服务的配送活动，包括软体商品（或服务）的网络传送和实体商品（或服务）的物理传送。”

电子商务物流图如图5-1所示。

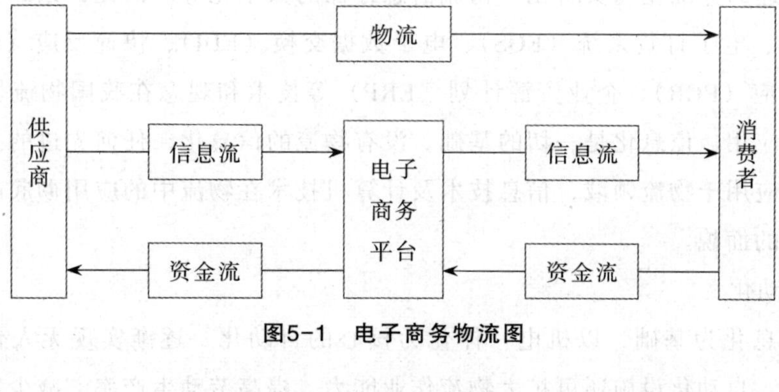

图5-1 电子商务物流图

5.1.2 电子商务物流系统的构成

电子商务物流系统由物流作业系统和物流信息系统两部分组成：

物流作业系统：在采购、运输、仓储、搬卸装运、配送等作业环节中使用各种先进技能和技术，并使生产据点、物流据点、运输配送路线、运输手段等网络化，以提高物流活动的效率。

物流信息系统：在保证订货、进货、库存、出货、配送等信息通畅的基础上，使通信据点、通信线路、通信手段网络化，提高物流作业系统的效率。

5.1.3 电子商务环境下物流的特点

物流是实现电子商务价值不可或缺的环节，而电子商务时代的到来，也给物流带来了新的发展。电子商务环境下的物流主要具有以下特点：改善物流运行效率，简化物流环节，降低物流成本，满足个性化需求，推动物流配送走向信息化、自动化、网络化、智能化、柔性化。

1.信息化

电子商务时代，物流信息化是电子商务的必然要求，表现为物流信息的商品化、物流信息收集的数据库化和代码化、物流信息处理的电子化和计算机化、物流信息传递的标准化和实时化、物流信息存储的数字化等。因此，条码技术、数据库技术、电子订货系统（EOS）、电子数据交换（EDI）、快速反应（QR）、有效客户反应（ECR）、企业资源计划（ERP）等技术和观念在我国物流体系中得到普遍的应用。信息化是一切的基础，没有物流的信息化，任何先进的技术设备都不可能应用于物流领域，信息技术及计算机技术在物流中的应用彻底改变了世界物流业的面貌。

2.自动化

以信息化为基础，以机电一体化为核心的自动化，逐渐实现无人化、省力化。此外，自动化设施还可扩大物流作业能力、提高劳动生产率、减少物流作业的差错等。物流自动化的设施主要包括条码/语音/射频自动识别系统、自动分拣系统、自动存取系统、自动导向车、货物自动跟踪系统等。

图5-2是RFID在物流中的应用示意图。

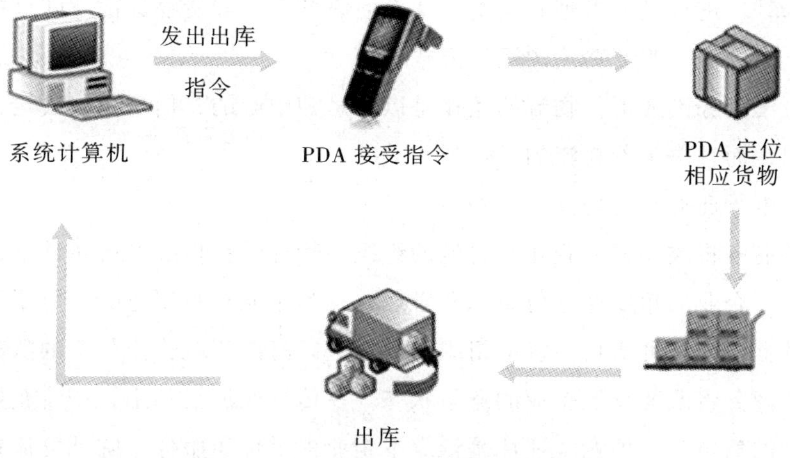

图5-2　RFID在物流中的应用

3.网络化

网络化的基础也是信息化，这里的网络化有两层含义：一是物流配送系统信息网络化，包括物流配送中心与供应商或制造商之间，与下游消费者之间的计算机网络通信；二是组织的网络化，即建立物流企业内部网络。

4.智能化

智能化是物流自动化、信息化的一种高层次应用。物流作业过程中大量的运筹和决策（如库存水平的确定、运输和搬运路径的选择、自动导向车的运行轨迹和作业控制、自动分拣机的运行、物流配送中心经营管理的决策支持等问题）都需要借助大量的知识才能解决。为了提高物流的现代化水平，物流的智能化已成为电子商务环境下物流发展的一种新趋势。

5.柔性化

柔性化指的是将生产、流通集成，根据消费者需求的变化来灵活调节生产工艺，柔性化的物流正是适应生产、流通与消费的需求而发展起来的一种新型物流模式。

5.1.4　电子商务对物流的作用与影响

1.电子商务对物流的影响

（1）电子商务改变传统的物流观念

传统的物流和配送企业需要置备大面积的仓库，而电子商务系统网络化的虚拟企业将散置在各地的、分属于不同所有者的仓库通过网络连接起来，使其成为“虚拟仓库”，进行统一管理和调配，从而使服务半径和货物集散空间都放大了。

（2）电子商务改变物流的运作方式

在电子商务模式下，物流的运作是以信息为中心的，信息不仅决定着物流的运作方向，而且决定着物流的运作方式。

（3）电子商务改变物流企业的经营

电子商务将改变物流企业对物流的组织和管理。在传统经济条件下，物流往往是从某一企业的角度来进行组织和管理，是为企业自身服务的，电子商务则要求物流从社会的角度实行系统的组织和管理，以打破传统物流分散的状态。

电子商务将改变物流企业的竞争状态。在传统经济活动中，物流企业之间存在着激烈的竞争，这种竞争往往是依靠本企业提供优质服务、降低物流费用等方式来进行的。

（4）电子商务对物流的基础设施、技术与管理水平的影响

电子商务能促进物流基础设施的完善，以及电子商务高效率和全球性的特点，要求物流也要达到这一目标，所以良好的交通运输网络、通信网络等基础设施则是最基本的保证。

建立一个适应电子商务运作的高效率的物流系统，对加快物流技术水平提高有着重要的作用。

电子商务将促进物流管理水平的提高。物流管理水平的高低直接决定和影响着物流效率的高低，也影响着电子商务高效率优势的实现。

（5）电子商务对物流人才提出了更高的要求

电子商务要求物流管理人员具有较高的物流管理水平和电子商务知识，并在实际运作过程中，能将二者有效结合在一起，实现电子商务效率的提高。

2.物流在电子商务中的作用

（1）物流是实现电子商务的保证

电子商务可以用下面的等式来表示：电子商务=网上信息传递+网上交易+电子支付+物流配送。一个完整的商务活动，必然要涉及信息流、商流、资金流和物流等4个流动过程，而物流是信息流和资金流的基础和载体，所以说，物流是电子商务的重要组成部分。

（2）物流影响电子商务的运行质量

在电子商务模式下，商品生产和交换的全过程，都需要物流活动的支持，没有现代化的物流运作模式支持，没有高效、合理、畅通的物流系统，电子商务具

有的优势就难以发挥。

（3）物流有效地保障了生产

无论是在传统的贸易方式下，还是在电子商务模式下，生产都是商品流通之本，而生产的顺利进行需要各类物流活动的支持。生产的全过程从原材料的采购开始，便要求有相应的供应物流活动，使采购的材料到位，否则生产就难以进行；在生产的各工艺流程之间，也需要原材料、半成品的物流过程，即生产物流，以实现生产的流动性；部分余料、可重复利用的物资的回收，需要回收物流；废弃物的处理则需要废弃物物流。可见，整个生产过程实际上就是系列化的物流活动。合理化、现代化的物流，通过降低费用从而降低成本，优化库存结构，减少资金占压，缩短生产周期，保障了现代化生产高效进行。相反，缺少了现代化的物流，生产将难以顺利进行，即使电子商务是多么便捷的贸易形式，也将是无米之炊。

5.2　电子商务物流模式

随着市场经济的发展和电子信息技术的进步，生产和流通之间的界限开始逐渐被打破。生产和消费及将两者紧密联系起来的流通等经济活动的各个方面被物流综合在一起，形成了电子商务环境下新的物流模式。为了突出电子商务物流的特点，避免电子商务物流分类的混乱与交叉，这里按照电子商务物流服务的系统资源进行综合分类：企业自营物流，第三方物流（Third Party Logistics，3PL），物流联盟（Logistics Alliance），第四方物流（Fourth Party Logistics，4PL）。

5.2.1　企业自营物流

企业自身经营物流，称为企业自营物流，就是电子商务企业借助自身物质条件，包括物流设施、设备和管理机构等，建设全资或控股的物流子公司，自行组织完成企业的物流活动。目前，在我国，采取自营模式的电子商务企业主要有两类：一类是资金实力雄厚且业务规模较大的电子商务公司，另一类是传统的大型制造企业或批发企业经营的电子商务网站。例如，京东商城、唯品会、美团、沃尔玛等都采取自营物流模式。企业自营物流流程如图5-3所示。

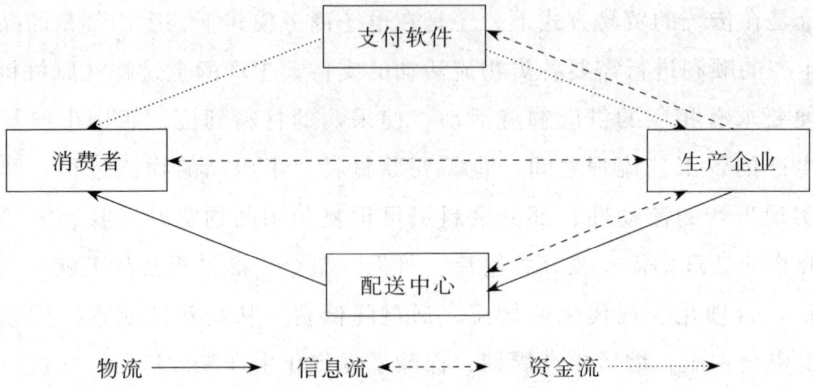

图5-3　企业自营物流流程图

1.企业自营物流的优势

企业自营物流可以保持对供应链的控制能力，能够更好地保持物流与其他业务环节的紧密配合，也就是自营物流可以使企业的供应链更好地保持协调、简化和稳定。

（1）保持协调

供应链的协调包括利益协调和管理协调。利益协调是指必须在供应链组织构建时将链中各企业之间的利益分配规则加以明确；管理协调则要求适应供应链组织结构要求的计划和控制管理及信息技术的支持，协调物流、信息流的有效流动，降低整个供应链的运行成本，提高供应链对市场的响应速度。在自营物流模式下，企业内部的供应链是由企业内部各个职能部门组成的网络，每个职能部门不是独立的利益个体，它们有共同的目标，容易实现各职能部门之间的协调。

（2）简化供应链

供应链中的每一个环节都必须是价值增值的过程，非价值增值过程不仅会提升供应链管理的难度、增加产品（或服务）的成本，而且会降低供应链的柔性，影响供应链中企业的竞争实力。自营物流在设计供应链的组织结构时，可以根据公司内部财务资料，严格分析每一环节是否存在真正的价值增值活动，并据此优化供应链。

（3）组织结构稳定

供应链是一种相对稳定的组织结构形式。从供应链的组织结构来看，若供应链的环节过多，信息传导中就会发生信息扭曲，造成整个供应链的波动，就会降低供应链的稳定性。自营物流可以使企业保证自己的信息安全，避免内部物流与外部物流交叉过多造成企业机密的泄露。同时企业物流部门锻炼了一支队伍，人员素质在供应链管理、信息管理、物流管理、团队协作等方面都会有较大的提升。

2.企业自营物流的劣势

（1）规模大投入大

企业自营物流所需的投入非常大，建成后对规模的要求很高，只有大规模才能降低成本，否则将会长期处于不盈利的境地。

（2）缺乏物流管理能力

对于一个庞大的物流系统，建成之后需要工作人员具有专业化的物流管理能力，目前我国企业内部从事物流管理的人员综合素质不高，面对复杂多样的物流问题，经常是凭借经验或者主观的考虑来解决问题，这是企业自营物流一大亟待解决的问题。

延伸阅读5-1　　**京东的自建物流模式**

京东集团是目前我国最大的自营物流电商企业，京东集团的业务涉及电子商务、金融和物流三大板块。

自2009年起，京东开始建立自己的配送体系，为所有用户提供物流配送、上门取换件、移动POS刷卡、货到付款等服务。目前，京东已经在全国建立了七大物流中心，与此同时，京东还不断致力于建设自己的车队和终端配送队伍，形成了覆盖全国的物流网络，其分布在华北、华东、华南、西南、华中和东北的六个物流中心覆盖了全国各大城市，并在西安、沈阳、杭州等主要客户城市成立二级库房。2014年11月，京东商城位于上海的首个“亚洲一号”现代化物流中心（一期）已正式投入使用。

京东商城在满足客户最基本的物流需求下，又推出了几类差异性物流服务，京东的顾客所购买的货品遇到任何问题需要退换，京东商城都提供免费上门取件服务；并且在业内率先推出“211限时送达”服务；与此同时，又推出了“先行赔付”、7×24小时客服电话、“GIS包裹实时跟踪系统”等服务，开创了我国电子商务物流配送模式的新篇章。

京东商城的这种一体化模式，使得它对供应链的各个环节都有较强的控制能力，以此来确保自己的物流配送拥有良好的服务质量，以提高顾客的满意度和忠诚度。但与此同时，一体化模式的投入使得物流资产负担加重，周转速度较慢，随着规模的扩张，一体化模式将会面临较大的资金压力。

5.2.2 第三方物流

第三方物流（Third Party Logistics，3PL或TPL）是指独立于买卖之外的专业化物流公司。第三方物流又称物流代理，是指由物流的实际需求方（第一方）和物流的实际供给方（第二方）之外的第三方来承担企业物流活动的一种物流形态，也称合同物流、契约物流。它不拥有商品，不参与商品买卖，而是为顾客提供以合同约束、以结盟为基础的系列化、个性化、信息化的物流代理服务。第三方物流流程图如图5-4所示。

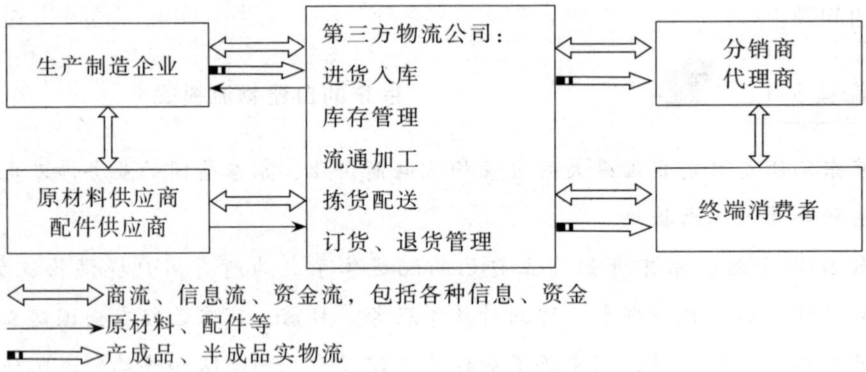

图5-4　第三方物流流程图

如果物流在该企业电子商务发展战略中的地位并不是很重要，且企业自身的物流管理能力也比较欠缺，采用第三方物流模式就是最佳选择，它能够大幅度降低成本，提高服务水平。鉴于物流业资金占用率高，回收期长，而中小企业本身的规模和资金都相对有限，无力组建自己的物流体系，另外，企业又必须依靠高效的物流活动来支持生产的正常运转，因此第三方物流是其理想的选择。第三方物流模式在目前条件下，是我国中小企业运作的最理想的电子商务物流模式。

1.第三方物流的优势

第三方物流企业所追求的最高境界应该体现为物流企业对于其所面对的可控制资源与可利用资源进行最大限度的合理化开发与利用。在当今竞争日趋激烈化和社会分工日益细化的大背景下，第三方物流具有明显的优越性，具体表现在以下方面：

（1）企业集中精力于核心业务

生产企业利用第三方物流的最大收益是节约成本、降低资产规模，企业能有资金投资其他核心领域。企业要获得竞争优势，必须巩固和扩展自身的核心业务。这就要求企业致力于核心业务的发展上，实现企业资源的优化配置，将有限的人力、物力和财力集中于核心业务，研究开发出新产品参与竞争。因而，越来越多的企业将非核心业务外包给专业化的公司。企业通过将物流业务外包给第三方物流经营者，能够将时间和精力放在自己的核心业务上，增强企业的核心竞争力。

（2）运用新技术，以信息换库存，降低成本

第三方物流可为委托企业平均降低10%~20%的成本，这是许多企业选择外包的主要原因。专业的第三方物流经营者利用规模生产的专业优势和成本优势，通过提高各环节的利用率节省费用，使企业能从分离费用结构中受益。

（3）减少固定资产投资，加速资金周转

企业自建物流需要投入大量的资金购买物流设备，以及建设仓库和信息网络系统等专业物流设施。这些资源对缺乏资金的企业，特别是中小企业是个沉重的负担。利用第三方物流的先进技术、设备和软件，能够减少物流消费者的投资，提高企业的资金周转速度，从而提高资金回报率，促进资源的有效配置。一项调查表明，第三方物流需要投入大量资金用于购买物流技术设备，包括软件、通信和自动识别系统。74%的第三方物流企业在购买物流技术、条形码系统方面的平均支出达108万美元，在软件上平均花费61万美元，在通信和追踪设备上平均花费40万美元。

2.第三方物流的劣势

根据我国的具体情况，把物流外包给第三方物流企业，有两点需要注意。

（1）第三方物流企业是否成熟

我国第三方物流企业发展参差不一，并非全部达到规模化与专业化，成本节约、服务改进的优势并不明显，甚至常常造成第三方物流的失败。

第三方物流失败的因素主要有以下几点：第一是观念的影响。中小工业企业一般实行单一的生产管理，企业经营范围封闭，缺乏进入市场和社会的一体化模式，习惯于传统的企业储运方式，重生产、轻储运，难以形成现代物流管理思想，对第三方物流存在认识上、观念上的障碍，这是影响第三方物流发展的根本因素。第二是结构的影响。中小企业量大面广，总规模不小，但组织和产业结构不合理，低水平重复建设，重复投入，在相当多行业形成产品供大于求、结构性

过剩，普遍存在产业关联度较低，缺乏社会化、专业化分工协作，这是影响第三方物流发展的重要因素。第三是技术因素。虽然信息产业给企业注入了大量高新技术，但资源与技术构成不合理，普遍存在设施设备老化，物流技术水平低，难以适应现代化专业物流发展的需要，这是影响第三方物流发展的主要因素。第四是管理因素。大多数企业在较大程度上缺乏较为科学的内部管理制度，缺乏管理组织能力，在生产管理上处于混乱状态，在组织经营上处于无序状态。产前没有市场调研，没有严格的成本核算；产中没有生产控制，没有营销策略；产后没有售后服务，这是制约第三方物流发展的基础因素。第五是人才因素。物流公司缺乏合格的专业人员，目前物流公司普遍存在员工素质低，知识构成不合理，人才匮乏，缺乏创新能力的情况，这是制约第三方物流发展的核心因素。

（2）容易受制于人

若合作的第三方物流不成熟，企业过分依赖供应链伙伴，容易受制于人。例如，第三方物流公司送货不及时、送错货物、损坏货物，会使委托企业在供应链关系中处于被动地位。

延伸阅读5-2　　戴尔物流模式

近20年来，计算机行业迅速发展，戴尔计算机公司在这个竞争激烈的行业中，通过其独特的“直销模式”飞速地成长为全美第一、全球第二的计算机公司。而戴尔公司的成绩归功于物流电子商务化的巧妙运用。

戴尔公司通过电话、网络以及与客户面对面的接触，和广大顾客群建立起直接的沟通联系和服务支持渠道，构建出了一套独特的市场“直销模式”。同时，戴尔公司通过信息网络平台，利用电子数据交换连接，使上游的零件供应商能够及时准确地知道公司所需零件的数量和时间，并“盯单”定制产品、迅捷地传递到客户手中，使下游的客户需求能及时满足，大大地缩短了流通环节，从而大大降低了物流库存，节约了存货资金占用和降低了储存费用，使企业物流管理更高效。通过网站，戴尔公司和供应商共享包括产品质量和库存清单在内的一整套信息，用户也可以在线订购，并且随时跟踪产品制造及送货过程。在一般情况下，戴尔公司产品7天就可送到用户手上，而传统企业生产定制产品从厂商抵达用户需要30天，现在IT成本降价幅度平均每周为0.5%，戴尔公司的低库存周期可以尽量保证客户买到由最低价零部件组装的整机。从内部生产组织来看，戴尔公司最与众不同的是定制化按单生产，产品生产出来之后由第三方物流送到客户手上。而一般的流水生产线，盲目被动生产，弹性比较差，且库存占用资金多，很容易造成产品积压。

5.2.3 物流联盟

物流联盟（Logistics Alliance）是介于独立企业与市场交易关系之间的一种组织形态，是企业间由于自身某些方面发展的需要而形成的相对稳定的、长期的关系。物流联盟是以物流为合作基础的企业战略联盟，是指两个或两个以上的企业为实现自身的物流战略目标，通过各种协议、契约而结成的优势互补、风险共担、利益共享的组织。其目的是实现物流联盟，以获得双方的“共赢”。它是一种介于自营物流模式和第三方物流模式之间的模式，可以降低以上两种物流模式的风险。

1.物流联盟的类型

联盟是动态的，只要合同结束，双方又变成追求自身利益最大化的单独个体。选择物流联盟伙伴时，要注意物流服务提供商的种类及其经营策略。一般可以根据物流企业服务范围大小和物流功能的整合程度这两个标准，确定物流企业的类型。企业间物流联盟主要有以下几种组建方式。

（1）纵向一体化物流联盟

该方式是指上游企业和下游企业发挥各自的核心能力，发展良好的合作关系，从原材料采购到产品销售的全过程实施一体化合作，形成物流战略联盟。

（2）横向一体化物流联盟

该方式是由处于平行位置的几个物流企业结成联盟。目前，国内真正能提供物流全方位服务的大型物流企业尚不存在，因此，横向一体化物流联盟能够弥补现有物流市场条块分割的现状。

（3）混合模式

该方式是以一家物流企业为核心，联合一家或几家处于平行位置的物流企业和处于上下游位置的中小物流企业加盟组成。这些物流企业通过签订联盟契约，共同采购，共同配送，构筑物流市场，形成相互信任、共担风险、共享收益的集约化物流伙伴关系。物流联盟在国内外发展的时间都较短，目前，尽管国内外的物流联盟在组织构成上存在明显的不同，但却都显示出了强大的生命力。从国内外物流联盟形成特点及其运作方式来看，它是物流企业间为提高运作效率而在职能分工的基础上进行优势互补的一种融合，是一种基于各自不同的核心竞争力的物流资源整合。

2.物流联盟的优势

（1）费用少

从建立物流联盟的安排角度看，物流联盟的建立最明显的效果就是在物流合作伙伴之间减少了相关交易费用。物流合作伙伴之间经常沟通与合作，可使得搜寻交易对象信息方面的费用大为降低；提供个性化的物流服务建立起来的相互信任与承诺，可减少各种履约的风险；物流契约一般签约时间较长，可通过协商来减少在服务过程中产生的冲突。

（2）稳定性好

从构建物流联盟的过程看，联盟企业可以寻找合适的合作伙伴，能够有效维持物流联盟的稳定性。双方出于自身的利益选择有效的长期合作是最优策略，进而双方可以充分依靠建立联盟机制协调形成的内部环境，减少交易的不确定性和交易频率，降低交易费用，实现共同利益最大化。

（3）利润稳定

从建立物流联盟的绩效看，一个稳定、长期的合作会激励双方把共同的利润做大，获得稳定的利润率。从物流发展的角度看，物流联盟是企业与专业物流服务商建立的一种现代物流合作形式。在物流联盟中，随着物流组织的发展，供应链中的联系会进一步加深，同时，也会通过协作加深用户的物流需求，双方开展持续、诚信的合作，可以相互学到对方的优点，如技术优势、丰富的经验等。

3.物流联盟模式的特征

（1）相互依赖

组成物流联盟的企业之间具有很强的依赖性，这种依赖来源于社会分工和核心业务的回归。

（2）分工明晰

物流联盟的各个组成企业明确自身在整个物流联盟中的优势及担当的角色，内部的对抗和冲突减少，分工明晰，使供应商把注意力集中在给客户提供指定的服务上。

（3）强调合作

既然是联盟，当然要强调合作。许多不同地区的物流企业正在通过联盟共同为电子商务客户服务，实现跨地区的配送，满足电子商务企业全方位的物流服务需要。对电子商务企业来说，物流联盟可以降低成本，减少投资，控制风险，提高企业竞争能力。

5.2.4 第四方物流

第四方物流（Fourth Party Logistics，4PL）主要是指由咨询公司提供的物流咨询服务。通过对物流资源、物流设施和物流技术的整合和管理，提出优化物流全过程的方案设计、实施办法和解决途径的业务模式，这是在第三方物流基础上的进化和发展。

第四方物流公司应物流公司的要求为其提供物流系统的分析和诊断，或提供物流系统优化和设计方案等。因此第四方物流公司以其知识、智力、信息和经验为资本，为物流客户提供一整套物流系统咨询服务。它从事物流咨询服务就必须具备良好的物流行业背景和相关经验，但并不需要从事具体的物流活动，更不用建设物流基础设施，只是对整个供应链提供整合方案。第四方物流的关键在于为顾客提供最佳的增值服务，即迅速、高效、低成本和个性化服务等。

1.第四方物流的优势

（1）提供综合性的供应链解决方案

第四方物流向客户提供了综合性的供应链解决方案：通过供应链的参与者，使供应链规划与实施同步进行，或利用独立的供应链参与者之间的合作提高规模和总量；通过业务流程再造，将客户与供应商信息和技术系统一体化，把人的因素和业务规范有机结合起来，使整个供应链规划和业务流程能够有效地贯彻实施，使物流的集成化上升为供应链的一体化。

（2）整体功能转化

通过战略调整、流程再造、整体性改变管理和技术，使客户间的供应链运作一体化；通过改善销售和运作规划、配送管理、物资采购、客户响应及供应链技术等，有效地适应客户多样化和复杂的需求，提高客户的满意度和忠诚度。

（3）降低物流成本

通过运作效率提高、流程增加和采购成本降低等实现物流企业的低成本策略。流程一体化、供应链规划的改善和实施使运营成本和产品销售成本降低。采用现代信息技术、科学的管理流程和标准化管理，使存货减少而降低成本，使物流企业的综合经济效益得到大幅度提高。

2.第四方物流的劣势

（1）物流人才的缺乏

2019年的调查数据显示，中国物流人才缺口为600万左右，其中高级物流人才缺口为40万左右。

（2）物流发展的不完善

当前，很多地区重复建设物流设施和过度竞争现象普遍，导致资源浪费严重。

至今，国内的第四方物流发展在人才培养、基础设施建设及产业信息化等方面仍落后于美国、日本等物流发展非常成熟的国家。

延伸阅读5-3　菜鸟物流网络

2013年5月28日，阿里巴巴集团、银泰集团联合复星集团、富春控股、中国邮政、EMS、顺丰速运、天天快递、三通一达（申通、圆通、中通、韵达）、宅急送、汇通以及相关金融机构共同宣布，“中国智能物流骨干网”（简称CSN）项目正式启动，合作各方共同组建的“菜鸟网络科技有限公司”在深圳正式成立，阿里巴巴占51%的股份。菜鸟公司计划用5～8年的时间，努力打造一个遍布全国的开放式、社会化的物流基础设施，建立一张能支撑日均300亿元、年度约10万亿元网络零售额的“智能骨干网”，让全中国任何一个地区都能做到24小时内送货必达。同时，利用先进的互联网技术，建立开放、透明、共享的数据应用平台，为电子商务企业、物流企业、仓储企业、第三方物流服务供应商、供应链服务商等各类企业提供优质服务，支持物流行业向高附加值领域发展和升级。

5月30日，阿里巴巴集团在北京京交会期间宣布，与中国邮政、EMS、三通一达、顺丰、汇通、天天快递、宅急送十大物流公司合作，以物流数据打通为基础，进一步探索针对消费者的物流产品和服务。按照设想，菜鸟公司派送的产品将这样进入用户手中：产品从生产线上下来，直接就打上了菜鸟网络的电子身份证（二维码、条形码、无线射频识别码或者其他形式电子身份），然后进入仓储中心，用户通过天猫、淘宝、当当、国美商城、海尔商城等渠道选购商品，通过支付宝付款，货品就从仓库出发，通过干线运输、配送中心、小区配送员最终到达用户手中。

菜鸟公司宣布成立时并没有明确其为第四方物流企业，菜鸟网络的智能骨干网建起来后不会抢快递公司的生意，但是智能骨干网很可能会影响所有快递公司的商业模式。联合了那么多知名快递企业，打造了智能物流网络，却不做快递。那么菜鸟公司是一个什么性质的企业，这又是怎样一种商业模式呢？

由第四方物流的定义可知，菜鸟网络科技有限公司是一个第四方物流企业，它所经营的业务符合第四方物流的特征。菜鸟公司把众多成熟的快递公司整合在一起，通过有效整合社会资源，在快递行业形成一套开放、透明、合理的社会化仓储设施网络，向更多的制造商、电商、物流快递企业等开放，这样的资源平台是共享的，任何一家独立的快递企业都无法实现，完全符合未来社会化物流体系的发展趋势。菜鸟公司并不会给合作企业带来模式和业务上的变化，但会加速中小快递企业的洗牌。从长期来看，菜鸟计划的实施和落实会推动整个快递行业的进步，也可能产生划时代的影响。

电子商务环境下物流模式的比较见表5-1。

表5-1　　**电子商务环境下物流模式的比较**

物流模式名称	概　念	优　点	缺　点
自营物流	电子商务企业借助自身物质条件，包括物流设施设备和管理机构等，建设全资或控股的物流子公司自行组织完成企业的物流活动	有利于企业直接支配物流资产，控制物流职能和交易时间，有利于保证顾客服务的质量	投资数额巨大，运作成本较高
第三方物流	由物流业务的供方、需方之外的第三方去完成物流服务的物流运作方式	不需要专门投资，运作成本低，而且有很大的灵活性	生产企业对物流的控制能力低下，生产企业客户管理职能被弱化
物流联盟	电子商务网站及邮政、快递等物流企业通过正式的契约或协议而形成的一种优势互补、要素双向或多向流动、互相信任、共担风险、共享收益的物流合作伙伴关系	降低物流成本，减少投资，获得管理技术，提高服务水平，取得竞争优势，降低风险和不确定性	核心力量有时可能减弱，与竞争者之间的差异也有可能减弱，技术也有可能流失

续表

物流模式名称	概　念	优　点	缺　点
第四方物流	一个供应链集成商负责调动和管理组织自己的及具有互补性的服务提供商的资源、能力和技术，以提供一个综合的供应链解决方案	提供了一个综合性的供应链解决方案，能有效适应顾客多样化和复杂的需求，集中所有资源为客户完美地解决问题	参与各方大多不愿意轻易将企业内部管理运作机密泄露给外部，运作价格太高甚至无法接受，对于委托方而言，隐藏着较高的转换成本

5.3　物流信息技术

5.3.1　条形码技术

1.简介

条形码或条码（Barcode）是将宽度不等的多个黑条和空白，按照一定的编码规则排列，用以表达一组信息的图形标识符。常见的条形码是由反射率相差很大的黑条（简称条）和白条（简称空）排成的平行线图案。条形码可以标出物品的生产国、制造厂家、商品名称、生产日期、图书分类号、邮件起止地点、类别、日期等许多信息，因而在商品流通、图书管理、邮政管理、物流管理等许多领域都得到了广泛的应用（如图5-5所示）。

图5-5　常见EAN码和二维码

条形码是一种信息记录形式，根据不同编码规则所提出的条形码编号方案多达40余种，目前应用最为广泛的有：交叉二五码、三九码、UPC码、EAN码、128码等。

条形码技术是在计算机的应用实践中产生和发展起来的一种自动识别技术，为我们提供了一种对物流中的货物进行标识和描述的方法。它是实现POS系统、EDI、电子商务、供应链管理的技术基础，是物流管理现代化、提高企业管理水平和竞争能力的重要技术手段。

2.条码技术的特点

条码技术的特点包括：①简单；②信息采集速度快；③采集信息量大；④可靠性高；⑤灵活、实用；⑥自由度大；⑦设备结构简单；⑧成本低。

3.条码技术在物流中的应用

（1）物料管理

首先，通过将物料编码，并且打印条码标签，不仅便于物料跟踪管理，而且有助于做到合理进行物料库存准备，提高生产效率，便于合理运用企业资金。对采购的生产物料按照行业及企业规则建立统一的物料编码，杜绝因物料无序而导致的损失和混乱。

其次，打印需要标识的物料的条码标签，以便在生产管理中单件跟踪物料，从而建立完整的产品档案。

再次，用条码技术，对仓库进行基本的进、销、存管理，有效降低库存成本。

最后，通过产品编码，建立物料质量检验档案，产生质量检验报告，与采购订单挂钩建立对供应商的评价。

（2）生产管理

首先，制定产品识别码格式。根据企业规则和行业规则确定产品识别码的编码规则，保证产品规则化、唯一标识。

其次，建立产品档案。通过产品标识条码在生产线上跟踪产品生产，并采集生产产品的部件、检验等数据作为产品信息，生产批次计划审核后建立产品档案。

再次，通过生产线上的信息采集点来控制生产的信息。

最后，通过产品标识条码在生产线采集质量检测数据，以产品质量标准为准绳判定产品是否合格，从而控制产品在生产线上的流向及是否建立产品档案，并打印合格证。

5.3.2 射频技术

1.简介

射频识别（Radio Frequency Identification，RFID）技术是一种非接触式的自动识别技术，它通过射频信号自动识别目标对象并获取相关数据，识别工作无须人工干预，可工作于各种恶劣环境。

射频技术系统由标签（Tag）、阅读器（Reader）和天线（Antenna）三部分组成，如图5-6所示。

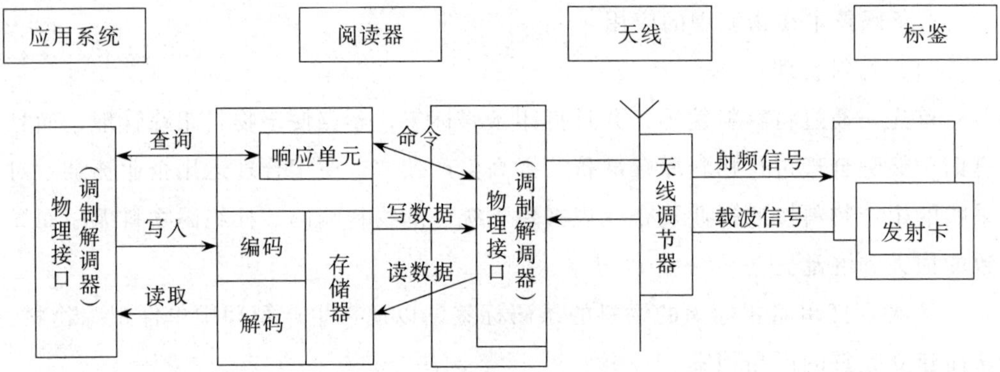

图5-6 射频技术系统的组成

2.射频技术的特点

射频技术的特点包括：①读取方便快捷；②识别速度快；③数据容量大；④使用寿命长，应用范围广；⑤标签数据可动态更改；⑥安全性高；⑦动态实时通信。

3.射频技术在物流中的应用

射频技术在物流中的应用包括货物追踪、信息自动采集、仓储应用、港口应用、邮政、快递。

5.3.3 GIS技术

1.简介

地理信息系统（Geographic Information System，GIS）是一种基于计算机的

工具，它可以对在地球上存在的东西和发生的事件进行成图和分析。GIS技术把地图这种独特的视觉化效果和地理分析功能与一般的数据库操作（如查询和统计分析等）集成在一起。这种能力使GIS与其他信息系统相区别，从而使其在广泛的公众和个人企事业单位中解释事件、预测结果、规划战略等具有实用价值。

GIS可分为4个子系统，即计算机硬件和系统软件、数据库系统、数据库管理系统、应用人员和组织机构。

2.简述GIS技术的特点

（1）开放性：具有开放式环境及很强的可扩充性和可连接性。

（2）先进性：GIS平台采用与世界同步的计算机图形技术、数据库技术、网络技术以及地理信息处理技术。

（3）发展性：具有很强的可扩充性和可连接性。

3.GIS在物流中的应用

基于GIS的物流配送系统主要有下列功能：

（1）车辆和货物跟踪。利用GPS和电子地图可以实时显示出车辆或货物的实际位置，并能查询出车辆和货物的状态，以便进行合理调度和管理。

（2）提供运输路线规划和导航。规划出运输线路，能够在电子地图上显示设计线路，并同时显示汽车运行路径和运行方法。

（3）信息查询。对配送范围内的主要建筑、运输车辆、客户等进行查询，查询资料可以文字、语言及图像的形式显示，并在电子地图上显示其位置。

（4）模拟与决策。如可利用长期客户、车辆、订单和地理数据等建立模型来进行物流网络的布局模拟，并以此来建立决策支持系统，以提供更有效且直观的决策依据。

5.3.4　GPS技术

1.简介

全球卫星定位系统（Global Positioning System，GPS）是美国历时20年耗资200亿美元于1994年完成整体部署的，该系统具有全天候、全方位和高精度的实时三维导航与定位能力。现在GPS与现代通信技术相结合使得测定地球表面三维坐标的方法从静态发展到动态，从数据后处理发展到实时的定位与导航，极大地扩展了它的应用广度和深度。

GPS由3个部分组成，空间部分的GPS卫星星座，地面控制部分的地面监控系统和用户设备部分的GPS信号接收机，如图5-7所示。

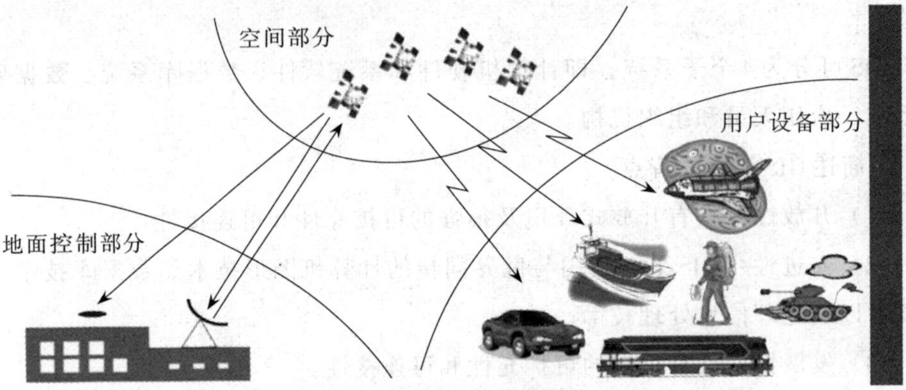

图5-7 GPS的构成

2.GPS的特点

GPS的特点包括：①定位精度高；②观测时间短；③测站间无须通视；④可提供三维坐标；⑤操作简便；⑥全天候作业；⑦功能多、应用广。

3.GPS技术在物流中的应用

GPS在物流领域可以应用于汽车自动定位、跟踪调度及铁路运输等方面的管理，也可用于军事物流。

在汽车自动定位、跟踪调度方面的应用。利用GPS的计算机管理信息系统，可以通过GPS和计算机网络实时收集全路汽车所运货物的动态信息，通过对物流车辆、货物的实时定位追踪，实现对车辆的有效指挥、协调、调度和管理，还可以进行历史轨迹的回放、超速越界报警和行驶里程统计等。

在铁路运输方面的管理。利用GPS的计算机管理信息系统，可以通过GPS和计算机网络实时收集全路列车、机车、集装箱及所运货物的动态信息，实现列车及货物的追踪管理。

在军事物流方面的应用。全球卫星定位系统首先是因为军事目的而建立的，在军事物流中应用相当普遍，如后勤装备的保障等方面。通过GPS技术及系统，各级指挥人员可以实时掌握各地驻军的数量、要求，以及军用物资的状态、位置，无论在战时还是在平时都能及时地进行准确的后勤补给。

本章小结

本章共分为三部分，第一，电子商务物流概述，从电子商务和物流的概念入手，介绍了二者之间的关系和相互作用；第二，电子商务物流模式，整体介绍了四种电子商务物流模式的概念及优缺点；第三，物流信息技术，简述了条形码、射频、GIS和GPS技术，以及它们在物流中的应用。其中分类总结性的知识点较多，需要分类记忆和理解。

思考与练习

1.什么是电子商务物流？电子商务对物流产生了什么作用和影响？

2.电子商务物流模式有哪些？像京东、菜鸟、沃尔玛分别采用了哪种物流模式？

3.什么是企业自营物流？简述其优缺点。

4.什么是3PL？简述其优缺点。

5.什么是物流联盟？简述其优缺点。

6.什么是4PL？简述其优缺点。

7.主要的物流信息技术有哪些？简述它们在物流中的应用。

第 6 章

网络营销

学习目的与要求

熟悉网络营销概念；

了解网络营销理论；

掌握网络营销策略；

熟悉网络营销的常用方法；

掌握网络广告的相关知识。

素养目标

理解网络营销与传统营销方式的区别与联系，能够运用网络营销工具和技术进行市场调研、竞品分析等；能够从整体上把握网络营销的各个环节和要素之间的关系，能够综合考虑网络营销的各个方面，制定全面、有效的营销策略；剖析与网络营销有关的新问题、新现象，如网红直播、虚假宣传、侵犯知识产权、直播带货等，加强诚信教育、法律意识教育、道德意识教育。

6.1 网络营销概述

1.网络营销的相关概念

什么是营销？有人经常把营销简单地理解为销售、推销或者促销，这是不全面的。营销是组织为了与客户建立关系，并促使其购买自己的产品和服务所采取的策略和行动，其核心使命是吸引客户和保留客户。吸引客户和保留客户是营销很重要的两个操作与目标。为了达到此目标，组织会利用各种营销变量，如产品、价格、广告、渠道等来满足新老客户的需求。随着互联网越来越成为人们日常生活中不可缺少的一部分，互联网受到了众多组织越来越多的重视。

营销的主要过程包括5个步骤：①机会的辨识（Opportunity Identification），包括市场调查、市场分析、生产决策、市场定位等，通过市场调查发现和评价市场机会，对市场进行细分并选择合适的细分市场；②新产品开发（New Product Development），包括新产品的研发、新产品的生产等；③对客户的吸引（Customer Attraction），包括营销策划、品牌推广、市场宣传、产品展示、洽谈签约等，通过组合各种营销策略制订营销计划；④订单执行（Order Fulfillment），包括产品供应、发货运输、货款结算等；⑤保留客户，培养忠诚（Customer Retention and Loyalty Building），包括售后服务、定期回访等。

网络营销是指组织或个人通过互联网，对产品、服务所做的一系列经营活动，从而达到满足组织或个人需求的全过程。其核心是与客户建立或维持积极的、长期的关系，由此使组织可以对自己的产品和服务收取比竞争对手更高的价格，为企业创造竞争优势。

无论是传统营销还是网络营销都要迎合人们未被满足的需要。人们在日常生活中有时会很容易发现生活中的某个“痛点”，但有时一些潜在的需要人们自己可能也没有察觉。

现在，确实有很多的产品满足了我们大多数的需要。但多年前，谁会需要大屏幕彩电、微型摄像机等产品呢？营销人员应该学会如何创造需要去挖掘市场，企业应当学会由市场驱动（消费者需要的驱动）转向驱动市场（致力于创造新的市场）。市场创新不是去抢现有的“蛋糕”，而是去做新的“蛋糕”。

2.网络营销的优势

（1）传播范围广、速度快，不受时空限制

网络营销打破了传统营销时间和空间的限制，能够超越时间和空间的限制交换信息，使交易更加简单，可以全天候24小时随时随地提供全球营销服务。

（2）交互性强

网络营销具有交互性和纵深性，它不同于传统媒体的信息单向传播，而是信息互动传播。通过链接，用户只需简单地点击鼠标，就可以从厂商的相关站点中得到更多、更详尽的信息。另外，用户可以通过广告位直接填写并提交在线表单信息，厂商可以随时得到宝贵的用户反馈信息，进一步拉近了用户和企业、品牌之间的距离。同时，网络营销可以提供进一步的产品查询需求。

（3）更具有针对性与个性化

传统的营销往往只能实现“点对面”的信息传播，没有针对性，很难得到营销回馈。企业进行网络营销时，一般都会建立完整的用户数据库，包括用户的地域分布、年龄、性别、收入、职业、婚姻状况、爱好等内容。

获得了用户画像的特征数据后，企业针对消费者的个别需要，进行一对一沟通，提供一对一的个性化服务、人性化的促销，与用户建立长期良好的关系。

（4）可测量性

传统营销中，大多数情况下，企业不清楚到底有多少人接收到广告信息，有多少人是由于看到了广告信息产生了购买需求，对产品或者企业有多少了解，因此很难提供后续服务。

但在互联网上，服务却是经常带有延续性的，企业可以通过后台记录进行服务跟进，清楚地掌握客户的每一次消费和浏览行为。

由于有精确的数据获知网络带来了多少流量、多大订单、转化率有多高，因此企业可以及时调整营销策略与方案。

（5）成本低，体现了公平性

互联网开放、自由的特性使得任何企业都可以不受自身规模的限制，平等地获取世界各地的信息及平等地展示自己。

传统营销手段由于受到广告位资源有限、广告费用高昂的限制，中小企业无法使用某些营销方法开展营销活动。而利用网络营销，各企业只需花极低的成本，就可以迅速建立起自己的全球信息网和贸易网，将自身产品的信息迅速传递到各个市场。

互联网精准营销意味着可以缩小投放范围，减少营销损耗。此外，网络广告价格呈下降趋势，相同广告在网络媒体的投放价格要远远低于纸媒等线下媒体。

（6）内容更丰富

传统媒体大多采取图文形式，较为单一，网络营销可以实现多元化的信息传播，这使得交易的信息交换可以多种形式存在，充分发挥营销人员的创造性和主动性。

网络营销相比传统营销方式有诸多优势，但网络营销也不是万能的，要将二者的优势结合使用，充分实现线上与线下的融合。

6.2 网络营销理论

时代的变迁，科技的进步，市场环境的变化，消费者消费观念的升级，这些都在改变着原有市场营销理论的根基。

网络环境下，市场趋于多样化、个性化、更加细分，消费者主动性不断增强。诸多的变化，使得传统营销理论要想胜任对网络营销的指导，需要与时俱进，加入更多的元素，理论的核心转向以消费者为中心。

6.2.1 从4P理论到4C理论

1.4P理论

4P理论产生于20世纪60年代的美国，是随着营销组合理论的提出而出现的。

1953年，尼尔·博登（Neil Borden）在美国市场营销学会的就职演说中提出了“市场营销组合”（Marketingmix）这一术语，它是指市场需求或多或少地在某种程度上受到所谓“营销变量”或“营销要素”的影响。为了寻求一定的市场反应，企业要对这些要素进行有效的组合，从而满足市场需求，获得最大利润。

营销组合实际上有几十个要素，杰罗姆·麦卡锡（Jerome McCarthy）于1960年在《基础营销》（Basic Marketing）一书中将这些要素一般地概括为4类：产品（Product）、价格（Price）、渠道（Place）、促销（Promotion），即4P。

1967年，菲利普·科特勒在其畅销书《营销管理：分析、规划与控制》中进一步确认了以4P为核心的营销组合方法，即：

（1）产品（Product）

注重开发的功能，要求产品有独特的卖点，把产品的功能诉求放在第一位。

（2）价格（Price）

根据不同的市场定位，制定不同的价格策略，产品的定价依据是企业的品牌战略，注重品牌的含金量。

（3）分销（Place）

企业并不直接面对消费者，而是注重经销商的培育和销售网络的建立，企业与消费者的联系是通过分销商来进行的。

（4）促销（Promotion）

企业注重通过销售行为的改变来刺激消费者，以短期的行为（如让利、买一送一、营造现场气氛等）促成消费的增加，吸引其他品牌的消费者或使消费者提前消费来促进销售的增长。

很多人将Promotion狭义地理解为“促销”，其实是很片面的。Promotion应当包括品牌宣传（广告）、公关、促销等一系列的营销行为。

2.4C理论

受当时的技术手段和物质基础的限制，4P理论的经济学基础是厂商理论即利润最大化，企业一味地从自身利益出发，没有把消费者的需求放到与企业的利润同等重要的位置上。而随着工业时代的结束，消费者时代的到来，消费者不仅参与的主动性在增强，而且选择的主动性也在增强。企业要想获得更多的客户，必须以消费者的需求为出发点，不断迎合、满足消费者个性化的消费需求。

1990年，美国营销专家劳特朋教授提出了4C理论。该理论以消费者需求为导向，重新设定了市场营销组合的4个基本要素：Customer（消费者）、Cost（成本）、Convenience（便利）、Communication（沟通）。

（1）Customer（消费者）

这里主要是指消费者的需求和欲望，首先要了解、研究、分析消费者的需求与欲望，然后提供相应的产品或服务。

消费者的需求，有显性和潜在之分。显性需求的满足是迎合市场，潜在需求的满足是引导市场。企业需要研究客户需求，发现其真实需求，再来制定相应的需求策略。

（2）Cost（成本）

这里主要是指消费者的购买成本，不仅包括其货币支出，还包括其为此耗费的时间、体力和精力，以及购买风险。企业必须考虑用户为了满足需求而愿意支付的总成本，在获得产品利润的同时尽量降低用户的总成本，减少用户在物质和精神上的损耗。产品经理要做的就是根据市场调研，考虑客户付出的成本和代价。

（3）Convenience（便利）

这里主要是指为消费者提供购买和使用产品的便利，首先要考虑的是如何使消费者的购物、交易过程更便利，而不是从企业的角度考虑销售渠道的选择。这里与4P中的Place（渠道）比较接近，都是以销售渠道为主导因素，不同的是二者的核心出发点，4P中的渠道以企业利益为先，4C中的渠道则是以消费者利益为先。

在当前产品功能特性较为饱和的社会背景下，服务是客户价值不可或缺的一部分。

（4）Communication（沟通）

这里主要是指建立以消费者为中心的营销沟通环境，通过这种方式来向消费者传达企业以及产品的信息，将双方的利益无形地整合在一起，而不再单单是单方面地做促销。

通过同消费者进行积极有效的双向沟通，消费者可以快速便捷地获取到企业以及产品信息，企业也可以直接了解到消费者需求，引导消费者购买其适合的产品，树立良好企业形象。

及时高效的沟通更有利于建立基于共同利益的新型企业/顾客关系，更有利于企业的长期发展。

4C理论强调把追求客户满意放在第一位，其次要努力降低客户的购买成本，再次要充分注意客户购买的便利性，而不是从企业的角度制定销售渠道策略，最后还要注重加强与客户的沟通与交流。

与以产品为导向的4P理论相比，4C理论有了很大的进步与发展，它以消费者为中心，把追求消费者的满意作为目标，是消费者在营销中越来越占主动地位的市场环境对企业提出的必然要求。

从图6-1可以看出4C理论与4P理论的对应，二者最主要的区别是核心出发点不同。

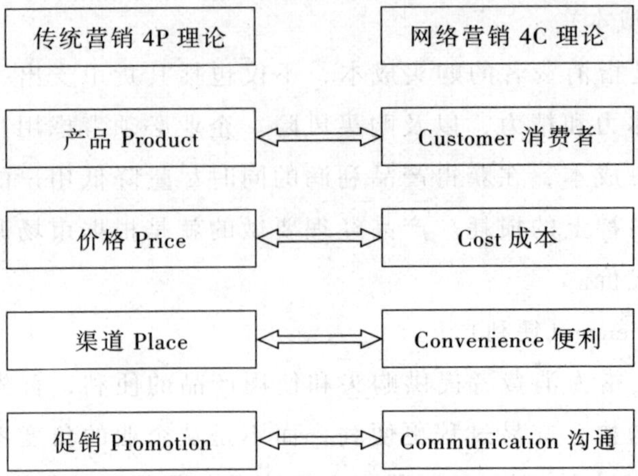

图6-1　从 4P理论到4C 理论

4P理论以产品为导向，以产品为基点研究、开展营销活动。先设计产品，再根据产品寻找顾客，不断挖掘产品本身的优势来提高竞争力。它更适于过去消费者的显性需求无法被满足、消费者更多比较产品质量的时代。

4C理论以消费者为导向，强调的是消费者的需求。4C理论以消费者的需求为基点研究、开发产品，并围绕满足消费者的各种需求开展营销活动。先调研和挖掘消费者的需求，再通过产品与服务满足消费者的需求。以满足消费者需求为第一要务，通过提高服务水平增强竞争力。

在网络环境和电子商务中，消费者面对琳琅满目的商品有众多的选择，消费者肯定会选择对自己更有价值的商品，如果企业只是片面地追求利润最大化，消费者会慢慢转向竞争对手那里，这就要求企业从4C理论出发，寻找实现企业利润最大化的营销决策，最终实现在满足消费者需求的基础上的企业利润最大化。

4C理论是网络营销的理论基础，但4C理论与4P理论不是对立的，而是相互统一的。企业在设计新产品时不再是仅仅从市场需求出发，而是邀请消费者参与到整个决策流程中，这样可以使产品更顺畅地送到消费者，消费者也自愿购买企业的产品。

6.2.2　其他相关理论

1.网络软营销理论

网络软营销理论是网络营销中消费者心理学的另一个理论基础。

网络软营销理论是针对工业经济时代的大规模生产“强式营销”诟病所提出的营销理论，它主要强调企业在开展市场营销活动时，必须尊重消费者的感受和体验，让消费者能主动接受企业的营销活动。这个理论产生的根源依然是网络本身的特点和消费者个性化需求的回归。

传统营销方法中的广告与人员推销最能体现出强势营销的特征。传统的广告试图通过不断的信息灌输在消费者心中留下深刻印象，根本不关注消费者对信息是否有需求，消费者只能被动地接收信息；在人员推销中，推销员不考虑消费者是否愿意和需要，就强行开展推销活动，消费者有时只是出于礼貌接收不需要的信息。

在网络环境下，各种不友好的弹窗广告很容易引起消费者的反感，消费者可以通过各种方式“屏蔽”或“反击”。

例如，美国著名的AOL公司曾经向其用户强行发送电子邮件广告，结果招致用户的一致反对，许多用户约定同时给AOL公司服务器发送电子邮件进行报复，结果导致AOL的电子邮件服务器处于瘫痪状态，最后AOL公司不得不向客户道歉以平息众怒。

在网络环境下，消费者个性消费回归，消费者购买商品不只要满足生理需求，还要满足心理和精神需求。

网络软营销理论认为，在网络经济环境下顾客主动有选择地与企业沟通，顾客对于那些不遵守“网络礼仪”的信息会感到反感。软营销的主动方是消费者，而强势营销的主动方是企业。

网络营销从消费者的体验和需求出发，采用拉式策略吸引消费者关注企业，从而达到营销效果。

个性化消费需求的回归也使消费者在心理上要求自己成为主动方。

消费者不欢迎不请自到的广告，但他们会在某种个性化需求的驱动下自己到网上寻找相关的信息。

2.网络直复营销理论

直复营销（Direct Marketing）是直接把信息传达给消费者，没有或很少有媒体的参与。

直复营销的“直”，是指不通过中间分销渠道而直接通过媒体连接企业和消费者；直复营销中的“复”，是指企业与消费者之间的信息交互，消费者对这种营销努力有一个明确的回复（买还是不买）。

电话营销是人们最熟知、也是普遍反感的直复营销。

传统的直复营销主要使用产品目录、印刷品邮件和报纸杂志上带回复表的广告，而现代通信技术的发展使得互联网成为直复营销的最佳媒体。

互联网具有方便快捷、双向沟通，内容篇幅不受限制，文字、声音、图像、动画共存的优良特性，它可以方便地在企业和顾客之间架起桥梁。顾客可以通过网络看货，下订单；企业可通过网络接受订单，安排生产及发货，所以直复营销策略和技巧可以在网络营销中使用。

网络营销是一类典型的直复营销。网络营销更加符合直复营销理念，表现在以下4个方面：

第一，互动性。

直复营销作为一种相互作用的体系，强调营销者与目标客户之间的“双向信息交流”。

第二，一对一服务。

直复营销活动的关键是为每个目标客户提供直接向营销人员反馈信息的渠道，企业可以凭借客户反馈找出不足。

第三，跨时空特征。

直复营销强调在任何时间、任何地点都可以实现企业与客户的“信息双向交流”。

第四，效果可测定。

直复营销活动最重要的特性是直复营销活动的效果是可测定的。

网络营销的这个理论基础说明网络营销是可测试、可度量、可评价和可控制的。有了及时的营销效果评价，可以及时改进以往的营销努力，获得更满意的结果。

3.关系营销

关系营销最早于1983年由得克萨斯州A&M大学的伦纳德·L.贝瑞（Leonard L.Berry）教授提出。

关系营销通过加强与客户的联系，提供令客户高度满意的产品或服务，达到与客户保持长期关系、并在此基础上开展营销活动、实现企业营销目标的目的。

从宏观上看，关系营销是指企业通过识别、获得、建立、维护和增进与客户及其他利益相关人员的关系，通过诚实的交换和服务，与包括客户、供应商、分销商、竞争对手、银行、政府及内部员工的各种部门和组织建立一种长期稳定的、相互信任的、互惠互利的关系，以使各方的目标在关系营销过程中得以实现。

从微观上看，关系营销是指企业与客户之间的关系营销，其本质特征是企业与客户、企业与企业间的双向的信息交流，是以企业与客户、企业与企业间的合作协同为基础的战略过程，是关系双方以互惠互利为目标的营销活动，是利用控制反馈的手段不断完善产品和服务的管理系统。

企业与消费者的关系是不断变化的，市场营销的核心应从过去简单的一次性交易关系转变到注重保持长期稳定的交易关系上来。

关系营销的核心是留住客户，提供产品和服务，在与客户保持长期的关系基础上开展营销活动，实现企业的营销目标。

实施关系营销并不以损害企业利益为代价，关系营销提倡的是企业与客户间实现双赢的策略。

借助互联网，可以更好地实现关系营销。通过互联网，企业可以利用柔性化的生产技术最大限度地满足客户的个性化需求，为客户创造更多的价值。企业也可以根据客户的需求了解市场、细分市场、锁定市场，最大限度地降低营销费用，提高对市场的反应速度。

企业利用互联网可以更好地为客户提供服务和与客户保持联系。互联网的不受时间和空间限制的特性，能最大限度地方便客户与企业进行沟通，客户可以借助互联网在最短时间内获得企业的服务。

同时，通过网上交易方式，企业可以实现对产品质量、服务质量和交易过程质量的全面控制；企业通过互联网还可以与相关的企业和组织建立关系，实现双赢发展。

互联网以低廉的成本帮助企业与其供应商、分销商等建立了协作伙伴关系。

6.3　网络营销策略

6.3.1　产品策略

1.网络营销产品的概念

在网络营销中，产品的整体概念可分为5个层次：

（1）核心利益或服务层次

核心利益或服务层次，是指产品能够提供给消费者的基本效用或益处，是消费者真正想要购买的基本效用或益处，比如消费者购买自行车作为交通工具，购买汉堡作为早餐。

（2）有形产品层次

有形产品层次，是产品在市场上出现时的具体物质形态，主要表现在品质、特征、式样、商标、包装等方面，是核心利益或服务的物质载体。比如，不同品牌的冰箱其颜色、外观造型有不同特色。

（3）期望产品层次

期望产品层次，在网络营销中，客户居于主导地位，消费呈现出个性化的特征，不同的消费者对产品需求可能不一样，因此产品的设计和开发必须满足客户这种个性化消费需求。客户在购买产品前对所购产品的质量、使用方便程度、特点等方面的期望值就是期望产品。

（4）延伸产品层次

延伸产品层次，是指由产品的生产者或经营者提供给购买者的服务，目的是帮助用户更好使用核心利益和服务。比如提供相关售后服务、安装指导、质量保障。

（5）潜在产品层次

潜在产品层次，是在延伸产品层次之外，由企业提供能满足客户潜在需求的产品层次，它主要是产品的一种增值服务，是产品整体概念的最高层次。

它与延伸产品的主要区别是客户没有潜在产品层次仍然可以很好使用客户需要的产品的核心利益和服务。但如果得到潜在产品，消费者的潜在需求会得到超值满足，消费者对产品的偏好程度与忠诚程度会大大提高。

产品包含多个层次，在任何方面都相同的产品并不存在，从竞争的观点也看不允许商品的各个方面都一样。

产品差异化是客观存在的。网络环境下，消费者的需求更具有个性化，通过产品细分，可以达到更好的营销效果。

2.网络营销产品的选择

从理论上来说，在网络上可营销任何形式的实物产品，但在现阶段受各种因素的影响，网络还不能达到这一要求。

中小企业要使用网络营销方法必须明确自己的产品或者服务项目，明确哪些是网络消费者选择的产品，因为产品网络销售的费用远低于其他销售渠道的销售费用，因此中小企业如果产品选择得当，就可以通过网络营销获得更多的利润。

在选择网络产品时应注意以下问题：

（1）充分考虑产品自身的特点

根据信息经济学对产品的划分，产品可划分为两类：一类是消费者在购买时就能确定或评价其质量的产品，称为可鉴别性产品，如书籍、电脑等，这类产品的标准化程度较高；另一类是消费者只有在使用后才能确定或评价其质量的产品，称为经验性产品，如服装、食品等。

一般说来，可鉴别性产品或标准化较高的产品易于在网络营销中获得成功，而经验性产品或个性化产品则难以实现大规模的网络营销。因此，企业在进行网络营销时，可适当地将高可鉴别性的产品或高标准化的产品作为首选的对象和应用的起点。

（2）充分考虑实物产品的营销区域范围、物流配送能力以及便利性

虽然网络营销消除了地域的束缚，但是在实际的网络营销中，企业还必须考虑到自身产品在营销上的覆盖范围，以取得更好的营销效果。

要谨防只注重网络营销全球性的特点，忽视了企业自身营销的区域范围，而使远距离的消费者购买时出现无法配送而使企业的声誉受到影响或在进行配送时物流费用过高的现象。

（3）充分考虑产品市场生命周期策略

产品市场生命周期是指产品从上市到退市的时间间隔。产品市场生命周期的长短，主要取决于产品上市后，市场对产品的需求变化和新产品的更新换代程度。

在网络营销中，由于厂家与消费者建立了更加直接的联系，企业可通过网络迅速、及时地了解和掌握消费者的需求状况，从而自新产品上市的那一刻起，就知道了产品应改进和提高的方向，于是当产品还处在成熟期时，企业就开始了下一代系列产品的研制和开发，系列产品的推出取代了原有的处于饱和期和衰退期的产品。因而在网络营销中，企业应特别重视产品市场生命周期中的试销期、成长期和成熟期营销策略的研究。

（4）充分考虑目标群体与网民群体之间的特征吻合度

截至2024年6月，我国网民规模近11亿人（10.9967亿人），较2023年12月增长742万人，互联网普及率达78.0%。从年龄段看，虽然互联网向中高年龄人群渗透，但50岁以上的人群占比相对较少，而这群人喜欢网购的又只占一定比例。网络营销产品应考虑目标群体的这一特征。

网络营销产品应考虑目标群体的这一特征。

3.网络营销新产品开发流程

网络营销除了将产品的性能、特点、品质以及为客户服务的内容充分显示外，更重要的是以个性化为客户导向的方式，对个别需求提供一对一的营销服务，利用网络的优势，提高消费者参与的程度，消费者甚至可以参与到产品的整个生命周期，企业通过消费者的建议可以更好地开发新产品。

现代企业应该摒弃原有的产品开发流程——先自己研发出一种产品，然后再去市场上征求意见、试销。

(1) 产品构思与概念的形成

在网络营销未被广泛应用之前，产品构思的灵感更多地来源于科学家（有专利技术）、企业营销人员、高管。而网络时代产品构思的灵感更多地来源于用户。企业应该从用户的角度出发，发现用户的困惑，摸清用户的真正需求。企业应该建立专门的网站或者由产品粉丝组成产品顾问群，粉丝很乐意提出他们的意见与不满，据此企业可以提出大致的产品功能设想，形成产品雏形。

(2) 网络营销新产品的研制

对于产品的雏形企业可以给出多种方案，然后将多种方案置于网络平台或社群讨论投票并加以引导归纳，企业再根据讨论情况试制新产品。在与粉丝们的互动交流、讨论中，集众人智慧会获得好的创意与灵感，同时粉丝与企业的情感也得到加强。

(3) 网络营销新产品的试销与上市

生产出新产品的试用品后，同样可以在网络平台展示，抽取部分粉丝进行试用并进行交流，修改新产品后定制批量生产并投入市场。

6.3.2 价格策略

价格是市场营销组合中唯一能为公司带来收入的因素，其他因素都代表成本，因此价格制定得是否合理是企业在市场竞争中成败的关键因素之一。常见的网络营销定价策略主要有以下几种：

1.新产品定价策略

新产品与其他产品相比，可能具有低竞争、技术领先的优点，但同时也会有不被消费者认同和产品成本高的缺点。因此在为新产品定价时，既要考虑能尽快收回投资，获得利润，又要有利于消费者接受新产品。

常见的定价策略有以下三种：

（1）撇脂定价（Skim Pricing）策略

该策略又称高价策略，是指企业以远高于成本的价格将新产品投入市场，以便在短期内获取高额利润，尽快收回投资，然后再逐渐降低价格的策略。苹果公司的产品在投入市场之初，大多采用了该策略。在生活中许多电子产品、高科技产品也都曾采取该策略。

一般而言，此类产品质量水平较高，并得到目标客户的认同，该类产品多属于资金、技术密集型企业、知名企业的知名品牌的产品，其服务的客户多属于中、高收入阶层。

（2）渗透定价（Penetration Pricing）策略

渗透定价与撇脂定价恰好相反，当新产品投入市场时，将价格定得较低，以吸引大量消费者，提高市场占有率。

采取渗透定价策略不仅有利于迅速打开产品销路，抢先占领市场，提高企业和品牌的声誉；而且由于价低利薄，因而有利于阻止竞争对手的加入，保持企业一定的市场优势，通常渗透定价适合于产品需求价格弹性较大的市场，低价可以使销售量迅速增加。

沃尔玛（WalMart）就善于应用这种渗透定价提高市场占有率。

（3）试销价格（Trial Pricing）策略

试销价格是指企业在某一限定的时间内将新产品的价格维持在较低的水平，以赢得消费者对该产品的认可和接受，降低消费者的购买风险，如微软公司的Access资料库程序在最初的短期促销价为99美元，而建议零售价则为495美元。试销价格有利于鼓励消费者试用新产品，企业则希望消费者通过试用而成为企业的忠实客户，并树立起企业良好的口碑。

该策略经常被服务性企业所采用，如开业初期的特惠价等，但唯有企业的产品及服务确实能使消费者感到获益良多时，此种策略才能收到预期的效果。

2.低价定价策略

（1）直接低价定价策略

某些产品定价时采用成本加一定利润方式，有的甚至是零利润方式，因此在公开价格时就比同类产品要低，这就是直接低价定价策略。它一般是制造业企业在网上进行直销时采用的定价方式。采用低价策略的基础就是通过互联网企业可以节省大量的成本费用。

（2）折扣定价策略

折扣低价策略是在原价基础上进行折扣来定价的。这种定价方式可以让客户直接了解产品的降价幅度以促进客户的购买。这类价格策略主要用在一些网上商店，它一般按照市面上的流行价格进行折扣定价。

常见的折扣方式有现金折扣和数量折扣。现金折扣是一种鼓励购买者快速支付其账单的价格削减策略。数量折扣则是鼓励客户大量购买的折扣。

（3）促销定价策略

在企业要拓展网上市场，但产品价格又不具有竞争优势时，则可以采用促销定价策略。

比较常用的促销定价策略是有奖销售和附带赠品销售。

3.动态定价策略

（1）定制定价策略

这种策略是利用网络和IT，帮助客户选择配置或自行设计能满足其需求的个性化产品，同时，客户愿意按企业为其定制产品提出的新价格进行购买。

（2）使用定价（按照客户使用次数进行计费）策略

这种策略是类似租赁的按使用产品或服务次数定价。其适用于通过互联网传输的软件、影音、电子书刊、数据库、网上娱乐、专业咨询等数字化产品和服务。

（3）生命周期定价策略

这种策略是根据产品所处的不同生命周期，制定不同的价格标准。其难点在于对产品（服务）的生命周期的把握。

4.拍卖竞价策略

网上拍卖是目前发展比较快的领域，经济学家认为市场要想形成最合理价格，拍卖竞价是最合理的方式。

网上拍卖是指由消费者通过互联网轮流公开竞价，在规定时间内价高者赢得产品。根据供需关系，网上拍卖竞价方式主要有以下3种：①竞价拍卖；②竞价拍买；③集体议价。

5.免费价格策略

免费价格策略就是将企业的产品和服务以零价格形式提供给客户使用，满足客户的需求。

在网络营销中，免费价格策略主要用于促销和推广产品，利用产品推动占领市场，帮助企业通过其他渠道获取收益，为未来市场发展打下基础。这种策略一般是短期和临时性的。

免费价格策略的实现模式包括：

第一，产品和服务完全免费，即产品（服务）从购买、使用到售后服务所有环节都实行免费服务。

第二，对产品和服务实行限制免费，即产品（服务）可以被有限次使用，超过一定期限或者次数后，取消这种免费服务。

第三，对产品和服务实行部分免费，如一些著名研究公司的网站公布部分研究成果，如果要获取全部成果必须付款成为公司客户。

第四，对产品和服务实行捆绑式免费，即购买某产品或者服务时赠送其他产品和服务。

网络营销中并不是所有产品都适合于免费策略。一般说来，免费产品具有易数字化、无形化、“零”制造成本、成长性、冲击性、存在间接收益等特点。

6.3.3 网络渠道策略

网络营销渠道是指借助互联网技术提供产品或服务信息以供消费者信息沟通、资金转移和产品转移的一整套相互依存的中间环节。它的主要任务是为产品从生产者向消费者转移提供方便。网络营销渠道使信息沟通由单向变为双向，从而增强了生产者与消费者的直接联系。一方面，企业可以在互联网上发布有关产品的价格、性能、使用方法等信息；另一方面，消费者也可以通过互联网直接了解产品信息，做出合理的购买决策。同时，生产者还可以迅速获得消费者的反馈信息。

1.网络销售渠道的功能

（1）订货功能

网络营销渠道为消费者提供产品信息，同时方便厂家获取消费者的需求信息，以求达到供求平衡。

（2）结算功能

消费者在购买产品后，可以选择通过多种方式方便地进行付款，因此厂家商家应向客户提供多种结算方式。

（3）配送功能

产品分为有形产品和无形产品，对于无形产品如服务、软件、音乐等产品可以直接通过网上配送，对于有形产品的配送，还涉及运输和仓储问题。

2.网络销售渠道的种类

传统营销渠道主要是指在传统营销模式中，产品从生产者到最终消费者手中所经过的渠道。

经典模式为：生产者——总经销商——二级批发商——三级批发商——零售店——消费者（如图6-2所示）。从生产者到最终消费者的整个过程往往存在多个中介（中间商）。

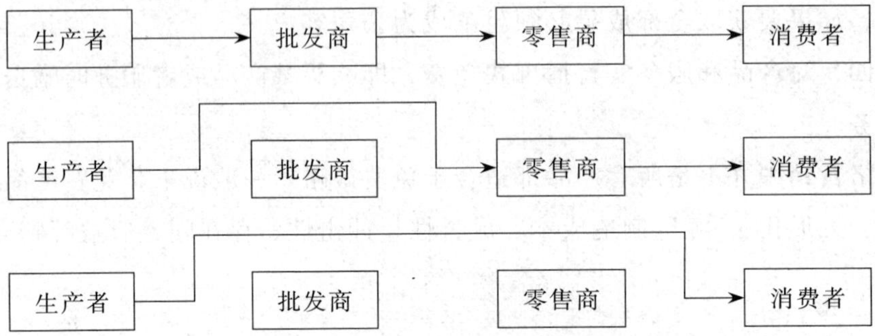

图6-2 传统营销渠道的去中介化

根据中间商数量的多少可将营销渠道分为若干级别，直接分销渠道没有中间商，因此又被称为零级分销渠道。

间接分销渠道则包括一级、二级、三级甚至级别更多的渠道。中间商越多，从生产者到消费者之间的价格差就越大，虽然中间商有一定的营销优势，但传统营销渠道也在不断地进行去中介化。

通过网络可以很容易实现完全的去中介化，但完全去中介化的网上直销也存在一些弊端。

网络营销渠道，通常也分为直接渠道和间接渠道（如图6-3所示）。但与传统的营销渠道相比，网络营销渠道的结构要简单得多，渠道呈扁平化特征，尽可能地拉近了与用户的距离。

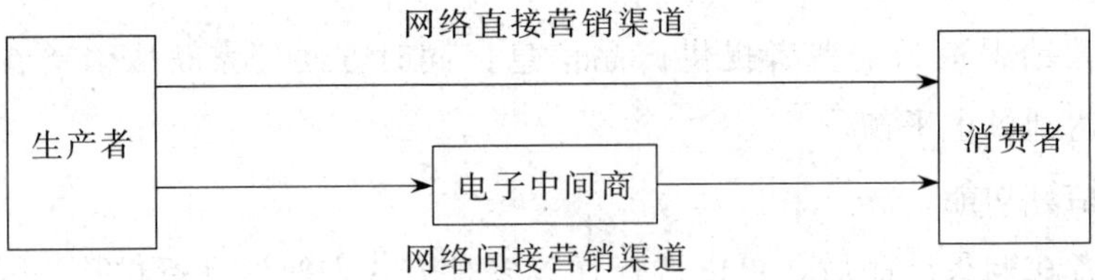

图6-3 网络营销渠道的两种类型

3.网络营销渠道的选择

网络营销渠道的结构比传统营销渠道的结构大大简化了。

网络营销渠道降低了过去依靠推销员上门推销的高昂的销售费用，以及店面和促销设备的购置费用，降低了促销成本，最大限度地控制成本。

网络营销渠道减少了中间商的价格战，提高了价格透明度，扩大了价格伸缩的空间，有利于提高企业的薄利多销或多利少销的灵活度。

这些都体现了网络营销渠道的高效性，为企业带来了竞争优势。

网络营销渠道还使得生产者可以根据客户的订单按需生产，实现零库存；并且通过客户与生产者的网络连接，提高了信息透明度，实现了高效物流运转，降低了物流运转成本。

网络营销渠道有诸多优势，不同的企业需要根据自身情况选择不同的渠道策略，一般策略如下：

（1）规模较大、具有较高品牌知名度的企业，可采用网上直销渠道。

（2）规模较小、品牌知名度不高的企业，一般适合选择电子中间商。

（3）处于两者之间的企业可采用网上直销与电子中间商并存的模式，并视企业发展逐渐向某个方向调整。

网络营销渠道虽然有诸多优势，但是由于网络的虚拟性，网络营销渠道在安全、信任、物流、售后服务方面也存在不足。网络渠道只是一类渠道，它不可能完全替代传统的营销渠道。一些新型模式如O2O模式就实现了网络渠道与传统渠道的有效结合。

6.3.4　网络促销策略

随着网络技术的发展和互联网的普及，借助网络推销企业的产品和服务，节省了大量的人力、物力及财力，让企业的客户能更方便快捷地找到所需要的各种信息，从而实现交易。

企业通过互联网技术进行营销，面对网络客户这一新的特殊消费群体，只有充分把握客户的消费心理和消费特征，针对不同的客户对象采取不同的促销方式，实施以消费者为主导的营销策略，才能实现网络营销者与网络客户的相互沟通，促进网络营销的蓬勃发展。

网络营销促销形式包括网络广告、销售促进等。

1.网络广告

网络广告是指互联网信息服务提供者通过互联网，以数字代码为载体，采用先进的电子多媒体技术设计制作不同类型的网络广告在网站或网页上发布。

(1) 网络广告的形式

第一，横幅广告。

1994年，AT&T公司在Wired.com发布了世界上首个横幅网络广告，开启了一个新的广告时代。

横幅广告是最早的网络广告形式，也是最常见的形式。在屏幕的顶部或底部显示的长方形的促销信息框就是横幅广告。点击横幅广告就可以进入广告主的网站或特定页面。

横幅广告类型主要有全幅式、半幅式、直幅式、微型按钮、按钮、摩天大楼式。按钮型广告本质上是一种永久的横幅广告。

横幅的表现方式有静态横幅、动态横幅（利用GIF、Flash等动画技术）。从横幅的位置上看，有的横幅的位置是固定的，有的横幅的位置是动态的，可随访问者的滚动条移动，有的横幅甚至随鼠标移动。从横幅与页面的关联关系来看，则分为嵌入式、浮动式和弹出式。

第二，浮窗广告。

浮窗广告是指漂浮在网站首页或各板块、帖子等页面的漂移形式的广告。

浮窗广告可以是图片，也可以是Flash。

首页和各板块帖子页面都可以是独立的广告位。

浮窗广告可以自动适应屏幕分辨率，不被任何网页元素遮挡，同时可以支持多个图片漂浮。

浮窗广告设计不合理的话，很容易引起网络消费者的反感。

第三，视频广告。

它是直接将广告客户提供的电视广告转成网络格式，并在指定页面实现在线播放。

第四，直邮EDM。

直邮EDM又称许可邮件营销，是商业信函的网络延伸版，指通过电子邮件的方式，将企业产品、活动信息等各种推广信息向目标用户群发布。

第五，定向广告。

定向广告可以按照人口统计特征，针对特定年龄、性别、浏览习惯的受众投放，为客户找到精确的受众群。

(2) 网络广告的计费方式

第一，包月制。

这是最传统的广告付费方式，在固定的广告位投放广告，按月计费（也有按周或按天的）。包月广告的位置固定，便于控制预算，但是效果却难以保证。

第二，CPM（Cost Per Mille/Cost Per Thousand，Cost Per Impressions）。

CPM即每千次印象费用，是指广告显示1 000次（印象）所应付的费用。含有广告的页面被访问1次称为1个印象。

CPM是最常用的网络广告定价模式之一。

第三，CPC（Cost Per Click）。

CPC即每次点击付费，是按照广告的单击次数计费，如果没有人点击广告，那么不需要付费。

在这种模式下，广告仅为用户单击广告的行为付费，而不再为广告的显示次数付费。

第四，CPA（Cost Per Action）。

CPA即每行动成本，是根据每个访问者对网络广告所采取的行动收费的定价模式。

CPA通常用于推广注册类的产品，比如网络游戏、交友网站等，当有用户通过广告成功注册后，广告主才支付费用。

第五，CPS（Cost Per Sales）。

CPS指按照广告单击之后产生的实际销售数量付给广告站点销售提成费用。

由于这种方式能够最大化地规避风险，提升效果，所以受到了广告主的热捧。这种模式尤其适合产品销售。

（3）网络广告投放策略选择

网络广告形式多样，计费方式也有很多种，企业要想在网络广告运作上做到既经济实惠又高效，就需要选择合适的广告投放策略。

网络广告投放策略的选择需要考虑以下因素：

第一，广告费用。

网络广告费用与所选网站的知名度、广告陈列的位置、广告所占区域的大小、广告表现形式等有关。在选择广告投放场所时要考虑以上因素。

第二，有针对性。

知名门户网站一般访问量方面有所保证，但广告费也是水涨船高，有时候，未必贵的就是好的。

企业在选择时要充分考虑到自己的产品是否符合所选择的站点特点，是否符合网站浏览者的喜好，浏览者是否为目标客户。如果产品属于专业产品，应选择专业网站而非门户网站。

广告投放位置也不一定是首页必定优于其他页面，由于访问首页的用户通常具有目的性不强的特点，这会导致广告投放资金浪费，没有针对性，效果自然也不会理想。

第三，有收益。

网络广告与传统媒体广告的最大区别就是能够统计广告到底被多少人浏览过，被多少人点击过，甚至还能跟踪访问者。

网站应该给出相应数据说明企业是否增加了访问量、销售收入。

2.销售促进

销售促进指企业利用可以直接销售的网络营销站点，采用一些销售促进方法宣传和推广产品。

网上销售促进的主要形式有免费促销、抽奖促销、折扣促销、赠品促销、积分促销等。

（1）免费促销

免费促销的主要目的是推广站点。

开展免费促销，可以从这三个方面考虑：一要考虑提供免费资源的目的是什么；二要考虑提供什么样的免费资源；三要考虑企业的收益。

（2）抽奖促销

抽奖促销是网上应用较广泛的促销形式之一，是大部分网站乐于采用的促销方式。

抽奖促销是以一个人或数人获得超出参加活动成本的奖品为手段进行商品或服务的促销。

网上抽奖活动主要附加于调查、产品销售、扩大用户群、庆典、推广某项活动等。

消费者或访问者通过填写问卷、注册、购买产品或参加网上活动等方式获得抽奖机会。

（3）折扣促销

折扣也称打折，也包括优惠券折扣。

折扣促销是目前网上最常用的一种促销方式。网上商品的价格一般都比传统方式销售时要低，以吸引人们购买。

由于网上销售商品不能给人全面、直观的印象，也不可试用、触摸等原因，再加上配送成本和付款方式的复杂性，造成网上购物和订货的积极性下降。

幅度比较大的折扣可以促使消费者进行网上购物的尝试并做出购买决定。大部分网上销售商品都有不同程度的价格折扣。

（4）赠品促销

赠品促销在网上的应用不算太广泛，一般情况下，在新产品推出试用、产品更新、对抗竞争品牌、开辟新市场情况下利用赠品促销可以达到促销效果。

赠品促销的优点是：可以提升品牌和网站的知名度；鼓励人们经常访问网站以获得更多的优惠信息；能根据消费者索取赠品的热情程度而总结分析营销效果等。

（5）积分促销

积分促销在网络上的应用比起传统营销方式要简单和易操作。

网上积分活动很容易通过计算机程序和数据库等来实现，并且结果可信度很高，操作起来相对较为简便。

积分促销一般设置价值较高的奖品，消费者通过多次购买或多次参加某项活动来增加积分以获得奖品。

积分促销可以增加上网者访问网站和参加某项活动的次数；可以提高上网者对网站的忠诚度；还可以提高活动的知名度等。

6.4 网络营销市场分析

6.4.1 网络营销的市场细分

1.网络营销市场细分的含义

网络消费者众多，企业要寻找自己的客户，就需要对客户进行细分，关注他们的网上行为方式。

网络营销市场细分是指具体细致地划分网络有关市场，是企业在调查研究的基础上依据网络消费者的需求、购买动机与习惯爱好的差异性，把网络营销市场划分成不同类型的消费群体的过程，每个消费群体就构成了企业的一个细分市场。

2.网络营销市场细分的作用

（1）有利于企业发掘和开拓新的市场

网络消费者尚未得到满足的需求，对企业而言往往是潜在的，一般不易发现。在调查基础上的市场细分，可以使企业深入了解网络市场客户的不同需求，并根据各子市场的潜在购买数量、竞争状况及对本企业实力的综合分析，发掘新的市场机会，开拓新市场。

（2）有利于制定和调整市场营销组合策略

网络营销市场细分是网络营销运用的前提。企业在对网络营销市场细分后，细分市场的规模、特点显而易见。

消费者的需求清晰了，企业可以针对各个细分市场制定和实施网络营销组合策略，做到有的放矢。

（3）有利于集中使用企业资源，取得最佳营销效果

不管企业在网络营销中试图开展什么工作或者最终目的是什么，都将面临网络营销中的主要和次要的目标市场。

在网络营销中，企业不仅要确定自己的目标市场在哪里，还要确定哪些是主要的，哪些是次要的，从而选择对自己最有利的目标市场，合理使用企业有限的资源，以取得最理想的经济效益。

3.网络营销市场细分的标准

市场细分的基础是客户需求的差异性，所以凡能使客户需求产生差异的因素都可以作为市场细分的标准。

传统的市场细分的依据和条件比较宽泛，与网络营销有很大的区别。在网络环境下，市场细分具有“精深”的特点。细分的标准应把焦点放在客户的期望上，即用户的心理因素。

网络营销市场细分的标准是把网上客户作为分析的对象。

概括起来，网络营销市场细分的标准主要有四类，即地理细分、人口细分、心理细分和行为细分。

（1）地理细分

地理细分是指按照消费者所处的地理位置、自然环境来细分市场，例如，根据国家、地区、城市规模、气候、人口密度和地形地貌等方面的差异将整体市场分为不同的细分市场。

地理因素是一种静态因素，同一地区的人的需求也会千差万别，所以，企业还必须同时依据其他因素进一步细分市场。

（2）人口细分

人口细分是指按照消费者的具体构成情况，如年龄、性别、国籍、民族、宗教信仰、职业、受教育程度和社会阶层等划分市场。

（3）心理细分

消费者的心理因素非常复杂，包括生活方式、个性、购买动机、价值观、兴趣等变量。

以服装市场为例，典型的心理细分市场就是，根据人们的个性、兴趣、价值观、生活方式等，把消费者分为“传统型”“新潮型”“节俭型”“奢华型”“活泼可爱型”等。

（4）行为细分

行为细分，就是根据消费者不同的消费行为进行市场细分。

行为细分的标准包括消费者进入市场程度的深浅、消费的数量、对品牌的忠诚度、购买或使用产品的时机等。

6.4.2 网络消费者

就像成为一名好的猎手就要熟悉不同猎物的生活习性一样，开展网络营销首先要了解网络消费者各方面的特征、行为习性。

企业通过网络市场调研收集目标群体的购买特征，然后根据消费者购买特征来制定营销策略，规划企业经营活动，为市场提供消费者满意的商品或劳务，更好地开展市场营销活动。

1.消费者行为理论

影响消费者购买行为的因素有多个，这些因素对于企业正确把握消费者行为，有针对性地开展市场营销活动，具有极其重要的意义。

消费者行为理论试图在分析消费者的自身因素、社会因素以及购买动机等的基础上，对消费者做出的各种决策进行预测和解释。

（1）自身因素

消费者购买行为首先受其自身因素的影响，这些因素主要包括经济状况、职业、受教育水平、年龄、性别、性格与自我观念。不同的个体、个体所处的不同人生阶段，其购买意向和购买行为是不同的。

（2）社会因素

人是生活在社会之中的，因而消费者的购买行为将受到诸多社会因素的影响。社会因素包括文化因素、相关群体因素等。

文化通常是指人类在长期生活实践中建立起来的价值观、道德观及其他行为准则和生活习俗，是引发人们的愿望及行为的最根本因素，它对消费者行为的影响最广泛。

任何文化都包含着一些较小的群体或所谓的亚文化群。这种亚文化群有许多不同类型，包括民族亚文化群、宗教亚文化群、地理亚文化群。通过对亚文化群的分析可预测消费者的市场行为。

相关群体是指对消费者的态度和购买行为具有直接或间接影响的组织、团体和人群等。社会相关群体之间的相互影响也是消费者购买决策过程的重要参照。例如，家庭成员、关系较为密切的亲戚、朋友、同学、同事、邻居对商品的评价对消费者的购买决策有时会起到决定性作用。

（3）购买动机

动机是一种内在的心理状态，不容易被直接观测，但它可以根据人们的长期行为表现或自我陈述加以了解和归纳。

网络消费者的购买动机大体分为三类，即理智动机、感情动机及惠顾动机。

①理智动机。

理智动机是建立在消费者对网络商品的客观认识基础上的。

理智动机受商品的适用性、价值、美感、安全性、可靠性以及交易过程的便捷性等因素影响。

②感情动机。

感情动机是由人的情绪、情感所引起的购买动机。感情动机一般由求新、求名、从众等心理因素引起。

③惠顾动机。

惠顾动机是基于理智和感情之上，对特定网站的产品或服务产生特殊的信任与偏好而重复地、习惯性地前往访问并购买的一种动机。

形成惠顾动机的因素包括搜索引擎的便利、广告醒目、站点内容的吸引、价格、商标品牌的权威性、产品质量过硬、设计新颖、信誉可靠、客户服务周到、支付配送方便、安全等。

具有惠顾动机的消费者往往是网站的核心客户。

2.网络消费者的购买过程

人们购买一种商品的行为并不是突然发生的，从产生购买想法到最终购买完成后使用商品并做出评价，与消费者购买行为相关的是一个完整的购买过程。

对于开展网络营销的企业来说，了解消费者的购买决策过程是很重要的，因为在消费者购买过程中，企业可以制定一些策略来帮助消费者满足自己的需求。

通常网络消费者的购买过程包含4个阶段：认识需求、收集信息、评价选择、购买与购后评价。

这4个阶段并不是每次都出现，有时可能会从某个阶段开始，又回到前面的阶段，或者会直接跳过部分阶段。

（1）认识需求

消费者在购买某一项商品之前，一定事先体验到购买此项商品的需求。

消费者会认识到自己的当前状态与理想状态的差距，这个差距就是消费者的需求。消费者需要满足这一需求从而达到消除差距的目的。

（2）收集信息

收集信息是消费者做出正确购买决策的基础。收集信息既可以通过相关群体，也可以通过公共传媒如电视、广播、网络等。

利用网络收集信息的策略一般有：借助搜索引擎，直接访问某个著名网站，利用即时通信软件，请求网友推荐，参与相关论坛。

（3）评价选择

消费者在获得相关信息之后，制订相应的购买方案，并根据个人的特点，选择一种最适合自己的购买方案。价格、品牌、质量等是消费者评价与选择购买方案时考虑的主要因素。

（4）购买与购后评价

购买方案确定后，消费者的下一个任务就是完成购买行为。

完成购买行为后，消费者会对购买过程特别是交易过程以及所获得的产品或服务进行评价。

决定消费者对购买是否满意的关键在于消费者的期望和产品实际性能之间的关系。

购买者对其购买活动的满意度（用S表示）是其产品期望（用E表示）和该产品可觉察性能（用P表示）的函数：

S=F（E，P）

如果E=P，表示达到预期，消费者就会满意；如果E>P，表示未达到预期，消费者就会不满意；如果E<P，表示超过预期，消费者就会惊喜。

消费者的满意度影响其后续购买行为，同时也会影响其他消费者。有数据显示，不满意的客户中有91%不再回购，但若能及时弥补，80%的客户会继续交易，95%的客户会成为回头客；不满意客户中有96%不会投诉；有50%会将不满告诉另外的10～20人，被告知者中有13%将这个坏消息告诉另外的10～20人；满意服务的客户只会告诉另外的2～5人。为了提高消费者的满意度，企业不能对产品夸大宣传，使得消费者产生过高期望，同时企业要积极倾听消费者反馈的意见和建议，不断改进产品性能和售后服务。

本章小结

网络营销是指组织或个人基于互联网，对产品、服务做出一系列活动，从而满足组织或个人需求的全过程。其核心是与客户建立或维持积极的、长期的关系，由此使组织可以对自己的产品和服务收取比竞争对手更高的价格，为其获得竞争优势，创造价值。

网络营销理论源于市场营销理论，整合营销理论4P与4C对立统一关系依然是网络营销理论基础；网络营销实质是一种直复营销，在设计营销活动时，遵循软营销理论思想，尊重消费者的感受和体验，让消费者主动地接受企业的网络营销活动，才是营销成功的关键。

网络营销的产品策略、定价策略、渠道策略与促销策略的制定应充分考虑消费者的需要。因此要充分研究消费者的购买行为、购买动机，定位目标群体，在购买过程的不同的阶段采取不同的策略。

思考与练习

1. 名词解释：网络营销、网络软营销、直复营销。
2. 网络营销的优势有哪些？
3. 简述传统营销的4P理论与网络营销的4C理论。
4. 如何确定某种产品是否适合网络营销？

5. 网络产品的定价策略主要有哪些？

6. 网络营销渠道与传统营销渠道有哪些不同？网络营销渠道有哪些类型？

7. 常见的网络广告有哪些类型？常用的网络广告收费模式有哪些？

8. 影响网络消费者购买动机的因素有哪些？

9. 简述网上购买的基本过程。

第7章

电子支付

学习目的与要求

了解电子商务支付的相关知识；

熟悉电子货币的应用及功能属性；

掌握各种电子支付方式。

素养目标

掌握电子支付与传统支付的区别与联系，熟悉电子支付工具的特点、使用方法及应用场景；学习电子支付与互联网金融的知识，结合当下复杂的金融环境，培养学生的网络交易安全风险防控意识，以及爱国主义情怀和民族自信心。培养学生的法律意识和合规意识，确保电子支付活动的合法性和规范性。

随着网络经济时代的到来和电子商务的飞速发展，传统的支付方式已无法适应新的交易模式。

在电子商务交易模式中，企业与企业、企业与消费者、消费者与消费者进行交易时，整个交易过程（销售、购买、支付等）都要在网络虚拟市场环境中实现，这样就要求货币必须具备适合于在网络空间中流通的特性，即支付过程和支付手段必须完全电子化，相应地，银行应具有经营这种货币的功能。

从20世纪70年代开始，网络技术的发展促进了电子资金转账（EFT）系统的发展，缩短了银行之间支付指令的传递时间，减少了在途资金的占压。各种电子支付方式也相继出现。

20世纪90年代，互联网迅速走向普及化，逐步从大学、科研机构走向企业和家庭，其功能也从信息共享演变为一种大众化的信息传播手段，商业贸易活动逐步进入互联网。

互联网的使用，既降低了成本，也造就了更多的商业机会。电子商务技术得以发展，并且逐步成为互联网应用的最大热点。为适应电子商务这一市场潮流，电子支付随之发展起来。

7.1 电子支付概述

7.1.1 电子支付的概念

简单来说，电子支付是指电子交易的当事人，包括消费者、厂商和金融机构，使用安全电子支付手段，通过网络进行的货币支付或资金流转。

2005年10月，中国人民银行公布的《电子支付指引（第一号）》规定："电子支付是指单位、个人直接或授权他人通过电子终端发出支付指令，实现货币支付与资金转移的行为。电子支付的类型按照电子支付指令发起方式分为网上支付、电话支付、移动支付、销售点终端交易、自动柜员机交易和其他电子支付。"

电子支付是电子商务系统的重要组成部分。

7.1.2 电子支付的发展

电子支付大致经历了以下5个发展阶段：

（1）银行利用计算机处理银行之间的业务，办理结算；

（2）银行计算机与其他机构的计算机之间进行资金结算，如代发工资、代扣住房公积金等业务；

（3）利用网络终端向客户提供各项银行服务，如客户可在自动柜员机

（ATM）上进行存、取款操作；

（4）利用银行销售点终端（POS）向客户提供自动的支付账款服务；

（5）基于互联网的电子支付。

它将第四阶段的电子支付系统与互联网进行整合，实现随时随地地通过互联网进行直接转账结算，形成电子商务交易支付平台。

电子支付系统可随时随地通过互联网进行直接转账结算，这就形成了电子商务环境。

这一阶段还在飞速发展中，成为现阶段的主要支付方式，这就是网上支付。

2005年被称为中国的电子支付元年，这一年中国电子支付市场高速增长，并且很多电子支付法规也得到了完善。

随后，中国的电子支付发展便乘风破浪，实现了飞跃式增长。国内的电子支付行业在某些领域甚至领导着世界范围的行业发展。

7.1.3 电子支付的特征

在电子商务中，支付过程是整个商贸活动中非常重要的一个环节，同时也是电子商务中准确性、安全性要求最高的业务过程。

电子支付的资金流是一种业务过程，而非一种技术。

与传统支付方式相比，电子支付具有以下特征：

1.在开放的网络系统中进行

电子支付是在开放的网络系统中采用先进的数字技术来完成信息传输的，其各种支付方式都是通过数字化的方式进行的；而传统的支付方式则是通过现金的流转、票据的转让以及银行的转账等实体形式的变化实现的。

2.基于一个开放的系统平台

电子支付基于一个开放的系统平台（即Internet平台）；而传统的支付方式是在较为封闭的环境中运作。

3.使用最先进的通信手段

电子支付使用的是最先进的通信手段，如Internet、Extranet，因而对软、硬件设施要求很高；而传统支付使用的则是传统的通信媒介，对软硬件没有要求。

4.具有方便、快捷、高效、经济的优势

用户只要拥有一台上网的PC机，便可足不出户，在很短的时间内完成整个支付过程。支付费用仅相当于传统支付的几十分之一，甚至几百分之一。

7.1.4 电子支付的类型

电子支付的业务类型按电子支付指令发起方式分为网上支付、电话支付、移动支付、销售点终端交易、自动柜员机交易和其他电子支付。

这里主要介绍前三种：

1.网上支付

网上支付是电子支付的一种形式。

广义地讲，网上支付是以互联网为基础，利用银行所支持的某种数字金融工具，进行在购买者和销售者之间的金融交换，从而实现从买者到金融机构、商家之间的在线货币支付、现金流转、资金清算、查询统计等过程，目的是为电子商务服务和其他服务提供金融支持。

2.电话支付

电话支付是电子支付的一种线下实现形式，是指消费者使用电话（固定电话、手机）或其他类似电话的终端设备，通过银行系统用个人银行账户直接完成付款的方式。

3.移动支付

移动支付是使用移动设备通过无线方式完成支付行为的一种新型的支付方式。移动支付所使用的移动终端可以是手机、PDA、移动PC等。

7.1.5 电子支付的流程

支付流程包括清算、轧差、结算等环节。

1.清算（Clearing）

清算指结算之前对支付指令进行发送、对账、确认等处理，还可能包括指令的轧差。

2.轧差（Netting）

轧差指交易伙伴或参与方之间各种余额或债务的对冲，以产生结算的最终余额。

3.结算（Settlement）

结算指双方或多方对支付交易相关债务的清偿。

严格意义上，清算与结算是不同的过程，清算的目的是结算。但在一些金融系统中清算与结算并不严格区分，或者清算与结算同时发生。

7.1.6 电子支付的工具

随着计算机技术的发展，电子支付的工具越来越多。这些支付工具可以分为三大类：

1.电子货币类

如电子现金、电子钱包等。

2.电子信用卡类

包括智能卡、借记卡、电话卡等。

3.电子支票类

如电子支票、电子汇款（EFT）、电子划款等。

这些方式各有自己的特点和运作模式，适用于不同的交易过程。

7.2 电子货币

7.2.1 电子货币的概念

电子货币（Electronic Money），是指用一定金额的现金或存款从发行者处兑换并获得代表相同金额的数据或者通过银行及第三方推出的快捷支付服务，使用某些电子化途径将银行中的余额转移，从而能够进行交易。

7.2.2 电子货币的特点

电子货币具有匿名性、节省交易费用、节省传输费用、持有风险小、支付灵活方便、防伪造及防重复性、不可跟踪性等特点。

电子货币还具有以下特点：

（1）以电子计算机技术为依托，进行储存，支付和流通；

（2）可广泛应用于生产、交换、分配和消费领域；

（3）集金融储蓄、信贷和非现金结算等多种功能于一体；

（4）具有使用简便、安全、迅速、可靠的特征；

（5）现阶段其使用通常以银行卡（磁卡、智能卡）为媒体。

7.2.3 电子货币的种类

电子货币主要有两种：一种是基于互联网环境使用的且将代表货币价值的二进制数据存在微机终端硬盘内的电子现金；另一种是将货币价值保存在IC卡内并可脱离银行支付系统流通的电子钱包。

7.2.4 电子货币的应用

电子商务中，银行是连接生产企业、商业企业和消费者的纽带，起着至关重要的作用，银行是否能有效地实现电子支付已成为电子商务成败的关键。

以一个简单的网上交易流程为例，首先买方向卖方发出购物请求；卖方将买方的支付指令通过支付网关送往卖方的收单行；收单行通过银行网络从发卡行获得授权许可，并将授权信息再通过支付网关送回卖方；卖方取得授权后，向买方发出购物完成信息。如果支付获取与支付授权不能同时完成，卖方还要通过支付网关向收单行发送支付获取请求，把该笔交易的资金由买方转账到卖方的账户中。银行与银行之间通过支付系统完成最后的行间结算。

从上述交易流程中不难发现，网上交易可以分为交易环节和支付结算环节两大部分，其中支付结算环节是由包括支付网关、发单行和发卡行在内的金融专业网络完成的。因此，离开了银行，便无法完成网上交易的支付，从而也谈不上真正的电子商务。

7.2.5 电子货币的属性

电子货币的属性与传统货币有很大不同。其主要体现在以下几个方面：

（1）纸币一般是由中央银行或者特定的金融机构垄断发行的。中央银行承担其发行成本，享有其利润。而电子货币的发行机构既有中央银行也有一般金融机构，甚至非金融机构，且更多的是后者。

（2）纸币是以中央银行和国家信誉为担保的法定货币，而电子货币大部分是不同的机构开发设计的，带有异性特征的产品。

（3）传统货币在使用时，既不是完全匿名的，也不可能做到完全非匿名，交易双方或多或少可以了解到对方的个人信息。而电子货币要么是非匿名的，要么是匿名的，且具有较高的安全性。

（4）货币的使用具有严格的地域限制；而电子货币打破了地域的限制，只要商家愿意接受，消费者可以很容易地获得和使用多国货币。

（5）传统货币的防伪依赖于特定实质，而电子货币的防伪只能采取电子技术和通信技术及加密或认证系统来完成和实现。

（6）电子货币技术标准的制定，电子货币的推广应用，在大部分国家都具有半政府半民间的性质，一般是企业负责技术安全标准的制定，政府侧重于推广应用。而传统货币的技术标准一般是国家制定的。

7.2.6 电子货币的功能

电子货币主要具有以下功能：

1.转账结算功能

电子货币可以直接消费结算，代替现金转账。

2.储蓄功能

可以使用电子货币存款和取款。

3.兑现功能

异地使用货币时，电子货币可以进行货币汇兑。

4.消费贷款功能

可以先向银行贷款，提前使用电子货币。

7.2.7　电子货币的优点

电子货币的优点主要有：方便、安全、通用、能增加社会效益。

7.3　电子支付方式

为了便于人们理解和接受，各种电子支付手段自然而然地模仿了传统支付方式的称谓，主要包括电子现金、电子支票和电子信用卡等。在众多支付工具中，有些可能会普及应用，有些可能会被淘汰。

下面对主要的三种支付工具的概念、运作机制及特点进行简单的介绍，并以我国的支付系统发展历程为例介绍我国电子支付的发展现状。

7.3.1　电子现金

1.概念

电子现金（E-cash）又称电子货币或数字货币（Digital Cash），是一种以数据形式流通的货币。电子现金把现金数值转换为一系列的加密序列数，通过这些序列数来表示现实中各种金额的币值。电子现金被看作现实货币的电子或数字模拟。

电子现金是买家和卖家之间进行在线交易中使用的主要货币。电子现金通常是银行（或中介机构）发行的并由法定货币支撑的数字金融工具。

电子现金不像各种金属货币、纸币以及各种票据那样具有物理实体，而是肉眼看不到的，只能用电子化设备读取的电子信息。

电子现金具有一般等价物的作用，能完成货币的五种基本功能（价值尺度、流通手段、储蓄手段、支付手段和世界货币）。它的流通手段、储蓄手段和支付手段等功能都是基于计算机网络、通信网络系统等平台，以电子信息方式来实现的。

大多数电子货币的基本流通形态是相似的，即用一定数额的现金或存款从电子货币发行机构（通常是金融机构）处兑换并获得代表相同金额的数据（具有货币价值的电子信息），通过使用某些电子化方法将该数据直接转移给支付对象，从而清偿债务。

目前，比较有影响的电子现金系统有E-cash，Netcash，Cybercoin，Mondex和EMV现金卡等。

电子现金具有人们手持现金的基本特点，同时又具有网络化的方便性、安全性、秘密性。因此，电子现金必将成为网上支付的主要手段之一。

2.运作机制

电子现金支付过程的4个步骤：

第一步，电子现金购买。

用户在电子现金银行开立账号，用现金服务器账号预先存入的现金来购买电子现金证书，这些电子现金就有了价值，并被分成若干成包的“硬币”，可以在商业领域中进行流通。

第二步，电子现金存储。

用户使用计算机电子现金终端软件从电子现金中取出一定数量的电子现金存在硬盘上，通常少于100美元。

第三步，电子现金使用。

用户与同意接收电子现金的商家洽谈，签订订货合同，使用电子现金支付所购商品的费用。

第四步，资金清算。

接收电子现金的商家与电子现金发放银行之间进行清算，电子现金发放银行将用户购买商品的钱支付给商家。

电子现金支付过程如图7-1所示。

3.特点

第一，银行和商家之间具有协议和授权关系。

第二，用户、商家和电子现金发放银行都须使用电子现金软件。

第三，电子现金发放银行负责用户和商家之间资金的转移。

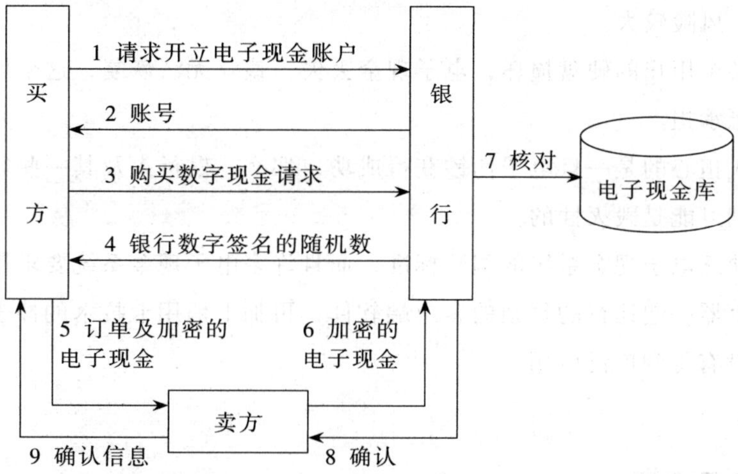

图7-1 电子现金支付过程示意图

第四，安全性。

电子现金技术融合了现代密码技术，提供了加密、认证、授权等机制，只限于合法用户使用，能够避免重复使用，因此，防伪能力强。身份验证是由电子现金本身完成的。电子现金在发放电子货币时使用了数字签名。

商家在每次交易中，将电子货币传送给电子现金，由电子现金验证用户支持的电子货币是否有效。且电子现金无须随身携带，减少了遗失和被偷窃的风险。

第五，匿名性。

电子现金运用了数字签名、数字认证等技术，这也确保了它实现支付交易时的匿名性和不可跟踪性，维护了交易双方的隐私权。

第六，具有现金特点，可以存取、转让，适用于小的交易量。

电子现金支付方式存在以下问题：

第一，使用者较少。

到目前为止只有少数商家接受电子现金，而且只有少数几家银行提供电子现金开户服务。

第二，成本较高。

电子现金对硬件和软件的技术要求都较高，需要一个大型的数据库存储用户完成的交易和电子现金序列数以防止重复消费。因此，尚需开发软硬件成本低廉的电子现金。

第三，存在货币兑换问题。

由于电子现金仍以传统的货币体系为基础，因此从事跨国贸易就必须要使用特殊的兑换软件。

第四，风险较大。

如果某个用户的硬盘损坏，电子现金丢失，钱就无法恢复，这个风险许多消费者都不愿承担。

更令人担心的是一旦电子伪钞获得成功，那么，发行人及其一些客户所要付出的代价则可能是毁灭性的。

由于缺乏电子现金系统的国际标准，而且许多电子现金系统要求用户下载和安装同浏览器一起运行的复杂的客户端软件，再加上信用卡技术的冲击，这使得电子现金没有得到广泛应用。

7.3.2 电子支票

1.概念

传统支票是基于纸介质的支票，使用时客户填写支票，签字盖章后将支票交给收款人，收款人背书后交给收款人银行，收款人银行和付款人银行通过票据清算中心进行资金清算。

实质上，电子支票的支付过程与传统支票的支付过程是一致的，只是电子支票完全抛开了纸质的媒介，是纸质支票的电子版本，其通过网络传播，显现在电子屏幕上，并用数字签名代替了传统的签名方式，它利用数字传递将钱款从一个账户转移到另一个账户。

电子支票的支付是在与商户及银行相连的网络上以密码方式传递的，多数使用公用关键字加密签名或用个人身份证号码（PIN）代替手写签名。用电子支票支付，事务处理费用较低，银行也能为参与电子商务的商户提供标准化的资金信息，故而效率很高。

使用电子支票进行支付，消费者可以通过网络将电子支票发向商家的电子信箱，同时把电子付款通知单发到银行，银行随即把款项转入商家的银行账户。这一支付过程在数秒内即可实现。然而，这里面也存在一个问题，那就是：如何鉴定电子支票及电子支票使用者的真伪？因此，就需要有一个专门的验证机构来对此做出认证，同时，该验证机构还应像CA那样能够对商家的身份和资信提供认证。

现在，在一些发达国家，纸质支票的使用已经逐步减少，这一方面是因为纸质支票的处理成本较高，支付速度慢；另一方面是因为信息安全技术的应用使纸质支票转化为电子支票成为可能。

美国金融服务技术委员会（FSTC）1996年开发的电子支票交易系统现在仍在广泛使用。

2002年，新加坡开发了亚洲第一大电子支票系统，此外，Netbill和Netcheque等电子支票系统也在试用当中。

未来，电子支票的应用将会更加广泛。

2.运作机制

电子支票交易的过程可分以下几个步骤：

第一步，购买电子支票。

买方首先必须在提供电子支票服务的银行注册，开具电子支票。

注册时可能需要输入信用卡和银行账户信息以支持开设支票。电子支票应具有银行的数字签名。

第二步，消费者和商家达成购销协议并选择用电子支票支付。

第三步，消费者通过网络向商家发出电子支票，同时向银行发出付款通知单。消费者用自己的私钥在电子支票上进行数字签名，用商家的公钥加密电子支票，使用电子邮件或其他传递手段向卖方进行支付，这样只有商家可以查看用其公钥加密的电子支票。

第四步，商家通过验证中心对消费者提供的电子支票进行验证，用消费者的公钥确认消费者的数字签名，验证无误后将电子支票送交银行索付。

第五步，银行在商家索付时通过验证中心对消费者提供的电子支票进行验证，验证无误后即向商家兑付或转账。

第六步，商家向消费者发货。

3.特点

电子支票具有以下特点：

第一，电子支票与传统支票工作方式相同，易于理解和接受。

第二，加密的电子支票使它们比基于公共密钥加密的数字现金更易于流通，买卖双方的银行只要用公共密钥认证确认支票即可，数字签名也可以被自动验证。

第三，电子支票适于各种市场，可以很容易地与EDI应用结合，推动基于EDI的电子订货和支付。

第四，第三方金融服务者不仅可以从交易双方取得固定交易费用或按一定比例抽取费用，还可以提供存款账目，且电子支票存款账户很可能是无利率的，因此给第三方金融机构带来了收益。

第五，电子支票技术将公共网络连入金融支付和银行清算网络。

7.3.3 电子信用卡

1.概念

信用卡支付是电子支付中最常用的工具。在商场、酒店、机场等许多场所，都可以采用信用卡进行刷卡记账、POS结账、ATM提取现金等方式的支付。

在电子商务中，最初的信用卡模式是：用户首先在某一公司登记一个信用卡号码和口令，以后用户就可以用这个卡号和口令通过网络在此公司购物，用户只需将口令传送到该公司，购物完成后，用户会收到一个确认的电子邮件，询问购买是否有效。

若用户对电子邮件回答有效，公司就会从用户的信用卡账户上减去这笔交易的费用。现在更安全、更先进的方法是在互联网环境下通过VISA和MasterCard联合制定的安全电子交易规范SET协议进行网络支付，用户在网上发送信用卡号和密码，加密后发送到银行进行支付。

电子信用卡的代表是智能卡。随着技术的发展，信用卡的卡基由磁条发展为能够读写大量数据、更加安全可靠的智能卡，即电子信用卡或电子钱夹。由于智能卡内安装了嵌入式微型控制器芯片，因而可储存并处理数据。卡上的价值受用户的个人识别码（PIN）保护，因此只有拥有者能访问它。

多功能的智能卡内嵌入高性能的CPU，并配备有独立的基本软件（OS），能够如同个人电脑那样自由地增加和改变功能。这种智能卡还设有“自爆”装置，如果犯罪分子想打开IC卡非法获取信息，卡内软件上的内容将立即自动消失。

智能卡最早是在法国问世的。20世纪70年代中期，法国Rolnd Moreno公司采取在一张信用卡大小的塑料卡上安装嵌入式存储器芯片的方法，率先开发成功IC存储卡。电子信用卡发展到现在，其网络应用已经较为成熟，是目前网上支付工具中用户积极性最高、发展速度最快的一种，主要有InternetCash、招商银行的“一网通”、E-CashSERVICES、CyberCash和FirstVirtualHolding等。著名的网上书店Amazon.com和国际域名管理机构Internic.net都是应用网上信用卡实现实时清算系统进行收款的。

智能卡示意图如图7-2所示。

图7-2　智能卡示意图

2.运作机制

信用卡运作流程如图7-3所示。

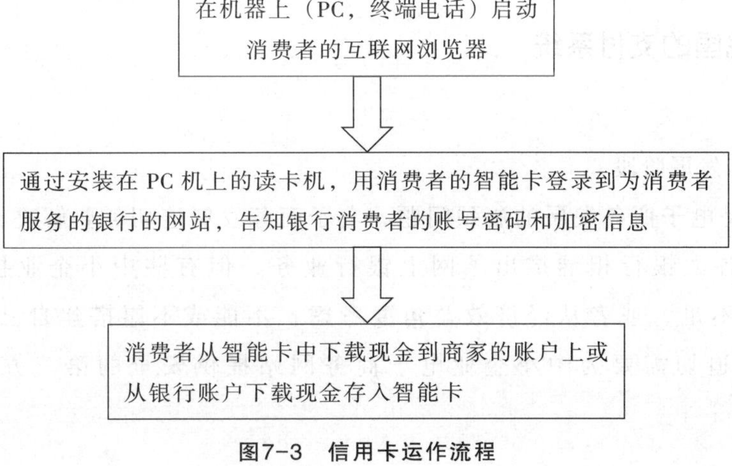

图7-3　信用卡运作流程

由图7-3可以得出，智能卡系统的工作过程是：

首先，在适当的机器上启动用户的互联网浏览器查找要购买的商品。这里所说的机器可以是PC机，也可以是一部终端电话，甚至是付费电话。找到要购买的商品后，用户通过安装在PC机上的读卡机，用其智能卡登录到用户服务的银行网站，智能卡会自动告知银行用户的账号、密码和其他一切加密信息；完成这两步操作后，用户就能够从智能卡中下载现金到商家的账户上，或从银行账号下载现金存入智能卡。

例如，在电子商务交易中，用户想在线购买一本40元的书，用户将其智能卡插入计算机的读取设备中（或者键入智能卡的卡号和密码），登录到用户的发卡银行，输入密码和书店的账号，进行转账业务。转账完成，则书店的银行账号上增加了40元，用户的现金账面上则减少了40元。用户成功购买图书。

3.特点

电子信用卡使电子商务中的交易简便易行。

由于智能卡使用嵌入式芯片来存储信息，因而具有存储信息量大、存储信息范围广、便于携带等优点。

安全电子交易（SET）标准的使用使得电子信用卡支付具有很强的安全性和保密性。此外，电子信用卡对通信网络的要求不高，因此便于普及。

但是，目前智能卡的推广应用中还存在一些障碍，主要表现为：智能卡制作成本较高；不能实现一卡多用；不同种类的智能卡和读写器之间不能跨系统操作等等。

7.3.4 我国的支付系统

1.初步发展阶段

支付是电子商务发展的瓶颈问题，电子商务发展迫切需要解决支付问题。

虽然各大银行相继推出了网上银行业务，但有些中小企业技术力量、资金实力不足，或者从经济效益角度考虑，不能或不愿搭建自己的支付平台，这就迫切需要为中小企业电子商务网站提供安全的第三方银行支付平台。

2000年左右，电子支付成为电子商务发展的最大热点，各大电子支付中介公司通过整合各大银行的支付接口，为网上商户提供便捷、安全、稳定的电子商务支付解决方案。

下面简要介绍一下我国支付系统初步发展阶段的几个主要的电子支付中介：

（1）首信易支付

首信易支付自1999年3月开始运营，是中国首家跨银行跨地域提供多种银行卡在线交易的网上支付服务平台。

作为国内成立最早、规模最大的网上支付平台，首信易支付积累了丰富的运营经验，面对网上支付业务越来越激烈的市场竞争，首信易支付始终以领先的技术、鲜明的优势和完善的服务巩固着自己行业领导者的地位。

（2）赛尔网络

赛尔网络有限公司（简称“赛尔网络”）2000年12月在北京成立，是依托中国教育和科研计算机网（CERNET）组建的计算机互联网企业。

赛尔网络由教育部科技发展中心以及清华大学、北京大学等多所著名高校共同出资组建，并受教育部委托，全面负责管理和运营中国最早和最大的计算机互联网之一——中国教育和科研计算机网。

（3）银联电子支付

银联电子支付服务有限公司成立于2002年6月，是电子商务领域中从事专业网上支付服务的先行者。

该公司拥有面向全国的统一支付网关，专业从事网上电子支付服务，是中国银联旗下的网络方面军。

其专业产品OneLinkPay解决了网上银行卡的支付问题。

（4）网银在线

网银在线（北京）科技有限公司2003年6月13日在中关村注册。

该公司致力于为国内中小型企业提供电子商务支付解决方案，用户无须进行开发调试，就可以即时使用属于自己的B2C电子商务平台，同时还可以使用其提供的在线支付接口以及专业技术支持和客户服务。

2.高速发展阶段

经过多年的持续发展，我国形成了以下主流电子支付系统（平台）：

（1）银联支付系统

银联支付作为电子支付的先驱，以其雄厚的资本、完善的银行网点布局和最早的电子支付理念而吸引客户关注，从而拥有大量具有稳定性的客户群体。该支付系统是基于银联卡的一种交易转接清算平台，客户所拥有的所有种类的银联卡都可以利用这个系统平台进行交易和支付。

有关资料显示，全国人均持有银行卡2015年年末的时候达到了3.99张，卡均消费金额达到10 106元，同比增长了17.69%。到2015年总发卡量约54.42亿张。当然，这也与银联不断推陈出新的业务能力息息相关。

近几年，伴随着支付宝、微信支付等第三方支付方式的兴起，银联推出了两大创新型业务："超级网银"和"云闪付"。这对银联支付的市场份额的争夺起到重要作用。

（2）第三方支付平台

第三方交易平台的出现为防范电子商务中交易双方的道德风险提供了保障，其"担保交易"的出现使其快速风靡于电子商务之中。

在第三方支付产品中，支付宝和微信支付占据绝对优势。根据移动支付网的数据，支付宝和微信支付在2023年第三季度的交易量分别达到118.19万亿元和67.81万亿元，合计占市场总份额的94%以上。

（3）NFC手机支付系统

NFC支付一直以高安全性和快支付速度而存在于世。苹果、华为、三星等品牌的手机制造商都应用了这个由飞利浦半导体公司和索尼公司研制的近场通信技术。

Apple Pay于2016年在大陆上线，仅两天就绑定了300多万张的银行卡，用户对其充满热情。三星公司也紧跟苹果公司推出SamsungPay。而华为、小米等具有竞争力的中国本土品牌的手机厂商也纷纷试水NFC支付。

移动支付是一种便捷的交易方式，允许用户借助其移动终端设备（尤其是智能手机）对购买的商品或服务进行支付。在此过程中，企业或个人利用移动设备、互联网或近距离通信技术，向银行及金融机构发送支付请求，促成货币支付与资金转账，从而完成移动支付流程。

7.4 移动支付

7.4.1 移动支付的定义

关于移动支付，国内外相关组织从不同的角度给出了各自的定义，这些定义主要包括如下几种：

调研机构Garner认为：移动支付是用户在移动终端上，利用银行账户、银行卡以及预付卡等支付工具来完成交易的一种支付方式。但在此定义中，特别排除了基于话费账户的手机支付、电话银行语音系统支付（IVR支付）以及通过智能手机外接插件实现POS功能这三种支付方式。

调研机构Forrester则指出：移动支付是通过移动终端设备进行资金划转，从而完成交易的一种字符支付方式。然而，在此定义中，未将移动终端语音支付方式纳入其中。

国际会计师事务所德勤则认为：移动支付是用户利用移动终端，通过接入通信网络或使用近距离通信技术来完成信息交互，进而实现资金从支付方向受付方的转移，以达到支付目的的支付方式。这一定义较为详尽且全面，因此可以作为目前对移动支付的一个较为正式的定义。

另外，第三方支付与移动支付之间是有差异的，从定义的角度一般认为，第三方支付本质上是一种支付结算的机制或方式，它侧重于描述支付过程中的运营逻辑与架构。移动支付则是一种具体的支付方式，其核心在于将移动终端（如智能手机、平板电脑等设备）作为支付工具，实现资金的转移与交易的完成。

7.4.2 移动支付的方式

移动支付的方式多种多样，每种方式都有其独特的特点和适用场景。随着技术的不断发展，移动支付的方式也在不断创新和丰富，典型的移动支付方式有如下几种：

1.短信支付

短信支付可以说是移动支付的最早形式，它将用户的手机SIM卡与银行卡建立对应关系，用户通过发送短信的方式，在系统短信指令的引导下完成支付过程。短信支付操作简单，没有时间和地点的限制，最初多用于手机缴费业务。

2.扫码支付

扫码支付是一种基于账户体系的新一代无线支付方案。商家可将账号、商品价格等交易信息汇编成一个二维码，并印刷在价格牌、广告等载体上。用户只需通过手机扫描二维码，就可以实现与商家账户的支付结算。

扫码支付作为当代社会常用的支付手段，主要包括两种便捷的支付方式：一种是消费者主动展示个人的付款码，由商家通过扫码设备读取并完成支付。这种方式通常被用于超市、餐厅等商业环境，其简化了支付流程，提升了交易效率。另一种则是消费者使用手机等设备扫描商家提供的特定二维码，根据提示确认支付金额及信息后，实现转账付款，多见于固定价格商品的销售点，如自动售货机或线上购物后的线下自提点。

无论消费者选择哪一种支付方式，扫码支付的实现都离不开三个核心要素：清晰且包含支付信息的二维码、具备扫码功能的设备（如智能手机或商家的专用扫码枪）和稳定可靠的网络连接。这三个要素确保了扫码支付的安全性与高效性，让支付过程变得既快捷又安心。

3.指纹支付

指纹支付，即指纹消费，它采用已成熟的指纹系统进行消费认证。用户通过指纹注册成为指纹消费平台的会员，后续通过指纹识别即可完成消费支付。指纹支付广泛应用于各类移动支付场景，如线上购物、线下实体店消费等。虽然指纹支付具有很高的安全性，但用户仍需注意保护自己的指纹信息，避免被不法分子盗取或滥用。

4.刷脸支付

作为一种前沿且创新的移动支付方式，刷脸支付正逐步成为现代消费的新潮流。在此支付方式下，消费者无须烦琐地打开手机App或翻找钱包，仅需通过商家的刷脸收款设备轻轻一扫，利用其先进的面部识别技术，便能迅速捕捉并验证消费者的面部信息，从而瞬间完成支付流程。这种支付方式不仅极大地简化了支付步骤，更在无形中提升了交易的便捷性和效率，给消费者带来了前所未有的支付体验。

5.NFC支付

NFC（Near Field Communication）支付是一种基于近距离无线通信技术的支付方式，它允许消费者在手机等便携式设备上轻松完成支付操作。这种支付方式的核心特点在于其线下面对面支付的能力，且在整个交易过程中无须依赖无线网络连接。

要实现NFC支付，首要条件是支付路径必须支持NFC技术。目前，市场上很多智能手机都已内置了NFC功能，成为NFC支付的主要载体。这些手机通过内置的NFC芯片，能够与用户的银行账户或支付应用无缝对接，为用户提供安全、便捷的支付体验。此外，NFC支付还需要配备相应的NFC支付终端。这些终端广泛分布于各类商业场景，如NFC收款机、NFC自动售货机以及NFC读卡设备等。它们同样内置NFC模块，能够与消费者的NFC手机进行无线交互，快速读取支付信息并完成交易。

7.4.3 移动支付的发展现状和趋势

随着电子商务的发展与智能手机的全面普及，手机网民群体快速增长，这一趋势推动了移动支付业务的飞速发展。移动支付以其简便、迅速的支付手段，精准地契合了广大消费者的实际需求，展现出了无可比拟的优越性。凭借其便捷性、高效性、安全性以及经济实惠等多重优势，移动支付实现了快速增长。

根据中国人民银行发布的统计数据，2023年度，银行共处理电子支付业务2 961.63亿笔，交易金额总计3 395.27万亿元，相较于上一年度，业务笔数增长了6.17%，交易金额增长了9.17%。在这一庞大的支付体系中，各类支付方式的表现呈现出不同的趋势。

其中，网上支付业务948.88亿笔，同比下降7.09%，金额为2 765.14万亿元，同比增长9.38%，显示出单笔交易价值的提升以及用户对大额在线支付需求的增加。移动支付业务1 851.47亿笔，同比增长16.81%，金额为555.33万亿元，同比增长11.15%，反映了移动支付在日常生活和消费中的普及程度日益加深。电话支付业务2.13亿笔，同比下降12.95%，金额为8.99万亿元，同比下降13.07%。

这些数据预示着随着移动互联网技术的快速发展，用户更倾向于使用更为便捷、高效的移动支付手段，而传统的电话支付方式正逐渐被边缘化。展望未来，我国移动支付的发展将呈现出以下趋势：

1.业务规模将持续扩大

随着智能手机的普及和移动互联网的深入发展，越来越多的消费者将接受并习惯使用移动支付进行日常消费和转账等操作，移动支付的业务规模将持续扩大。

2.支付方式更加多元化

除了现有的扫码支付、NFC支付等方式外，未来还可能涌现出更多创新的支付方式，如基于生物识别技术的支付、声波支付、虚拟货币支付等，这些支付方式将进一步提升支付的便捷性和安全性。

3.应用场景不断拓展

移动支付的应用场景将从线上购物、餐饮娱乐等消费领域，逐渐渗透到公共交通、医疗、教育等公共服务领域。此外，随着跨境电商的兴起，移动支付在跨境支付领域也将展现出巨大的增长潜力。

4.技术创新推动行业发展

区块链技术、AI算法、5G技术等先进技术的不断应用，将解决传统支付过程中存在的问题，提升支付效率，加强支付安全，推动移动支付行业持续发展。

5.安全性能进一步提升

移动支付平台将采用更先进的加密技术和生物识别技术，加强风险监控和预警机制，及时发现并处理潜在的安全风险，保障用户的资金安全。

6.监管政策逐步完善

政府将加大对支付机构的监管力度，规范市场秩序，保护消费者的权益；同时，还将推动支付行业的标准化和规范化发展，提升整个行业的竞争力和服务水平。

7.4.4 云闪付

云闪付App是由产业各方、各商业银行与中国银联共建共享的移动支付战略产品，通过聚合银行业资源与银联广阔网络，覆盖更广阔的服务场景，搭建更开放全面的服务平台，为用户提供安全、便捷的支付服务。用户通过云闪付App即可绑定和管理各类银行账户，并使用各家银行的移动支付服务，包括二维码支付、无卡支付、转账、手机闪付、乘车码等移动支付服务，畅享各类优惠权益。云闪付App的核心功能如下：

1.支付功能

云闪付App支持线下支付，用户只需将手机靠近POS机即可快速完成支付，这得益于其支持的NFC近场支付技术；同时，云闪付App支持线上支付，用户可以在各大电商平台、商户网站等完成支付流程。

2.转账功能

云闪付App支持用户之间的转账，操作简单且实时到账，为用户提供了便捷的转账服务。

3.卡管理功能

用户可以在云闪付App上绑定和管理各类银行账户，包括信用卡和储蓄卡，方便用户随时查看账户余额、交易记录等信息。

4.生活服务

云闪付App提供了多种生活服务，如充值缴费（水、电、煤气费和话费等）、购买火车票、查询银行卡余额等，方便了用户日常生活。

本章小结

本章采取点面结合的叙述方法，先整体介绍了电子支付的基本概念、发展历程、特征和类型等概述性内容，后从电子货币、电子支付方式、移动支付三个方面进行局部重点介绍，以便更好了解电子支付。其中概念性的知识点较多，需要加强记忆和重点理解。

思考与练习

1.什么是电子支付？电子支付具有哪些特征？

2.什么是电子货币？其特点和功能如何？

3.电子货币与传统货币相比有哪些区别？

4.什么是电子现金？电子现金有哪些特点？简述其运作机制。

5.什么是电子支票？电子支票有哪些特点？简述其运作机制。

6.什么是电子信用卡？电子信用卡有哪些特点？简述其运作机制。

7.什么是移动支付？我国移动支付现状如何？

第8章

电子商务安全

学习目的与要求

了解电子商务安全的概念；

熟悉电子商务所面临的安全威胁；

了解电子商务安全技术；

熟悉电子商务安全管理措施；

掌握与电子商务经营者相关的法律规范。

素养目标

认识电子商务安全的重要性，了解常见的电子商务安全威胁，能够识别网络安全问题，并采取相应措施进行防范；了解电子商务法在电子商务活动中的应用和具体要求，遵守职业道德规范，注重保护消费者权益，维护公平、公正的市场环境；通过开展理想信念教育，融入爱国情怀，结合电子商务面临的安全问题，阐述习近平总书记谈网络安全的观点（没有网络安全就没有国家安全），融入《中华人民共和国网络安全法》的相关内容，了解电子商务对安全的基本需求和攻防技术，进行法律意识教育。

Internet之所以能发展成为今天的全球性网络，主要得益于其开放性。然而，这种开放式的信息交换方式也带来了网络安全上的巨大挑战。由于电子商务交易平台的虚拟性和匿名性，其安全问题日益凸显，成为其进一步发展的瓶颈。电子商务安全从整体上看，可以分为两大核心部分：计算机网络安全和商务交易安全。

计算机网络安全涵盖计算机网络设备安全、计算机网络系统安全以及数据库安全等多个方面。它的核心在于针对计算机网络本身可能存在的安全隐患，实施有效的网络安全增强措施，以确保计算机网络自身的安全性。

商务交易安全则聚焦于传统商务在互联网环境中应用时产生的各类安全问题。在保障计算机网络安全的基础上，确保电子商务过程的顺畅进行，即实现电子商务的保密性、完整性、可鉴别性、不可伪造性和不可抵赖性等关键安全属性。

计算机网络安全与商务交易安全实际上是紧密相连、不可分割的，两者相辅相成，共同构成了电子商务的安全基础。没有计算机网络安全的坚实基础，商务交易安全就无从谈起。同样，没有商务交易安全的保障，即使计算机网络本身再安全，也无法满足电子商务的安全需求。

8.1 电子商务安全概述

电子商务是一个融合了社会与技术元素的综合性系统，其安全性是一个涵盖多层次、多维度的系统概念。从广义的角度来看，电子商务的安全性不仅关联到计算机系统结构本身，还牵涉电子商务应用的环境、从业人员的素质以及广泛的社会因素。这些涵盖了电子商务系统的硬件安全保障、软件安全设计、运行过程的稳定性，以及电子商务相关的法律法规建设等。而从狭义上讲，电子商务的安全性特指电子商务信息的安全，即信息存储安全和信息传输安全。

8.1.1 电子商务的安全威胁

从整个电子商务系统的角度进行分析，电子商务的安全威胁主要有信息传输风险、信用风险、管理风险以及法律风险。

1.信息传输风险

与传统交易相比，网上交易的信息传输风险更大。在传统交易中，信息的传递和保存主要依赖有形的单证，信息接触面有限，因此相对容易得到保护和控制。即便在信息传递过程中出现丢失或篡改，也可以通过留下的痕迹追查原因。然而，网上交易的信息传输是在开放的网络环境中进行的，信息接触面广泛，且被篡改后可能不留痕迹，这使得网上交易面临的信息传输风险远高于传统交易。

信息传输风险是在进行网上交易时，由于信息的失真、被非法窃取、篡改或丢失等，从而引发的不必要损失。从技术角度来看，这种风险主要源于以下几个方面：

（1）冒名偷窃

如“黑客”通过伪造源IP地址等方法进行欺骗攻击，以获取重要的商业秘密、资源和信息。

（2）篡改数据

未经授权的攻击者闯入网络交易系统，利用非法手段删除、修改或重发关键信息，破坏数据的完整性，损害他人的经济利益，或干扰对方的正确决策，构成信息传输风险。

（3）信息丢失

交易信息的丢失可能源于线路故障、安全措施不当，或在不同操作平台间转换时的操作失误。

（4）传递过程中的破坏

信息在网络传输中需经过多个环节和渠道，而计算机病毒的侵袭、黑客的非法侵入、线路窃听等威胁始终存在。此外，外界的物理性干扰，如通信线路质量差、地理位置复杂或自然灾害等，都可能影响数据的真实性和完整性。尽管现有的病毒防范、加密和防火墙技术不断发展，但仍面临被新技术攻击的风险。

（5）虚假信息

在买卖双方以合法身份进入系统后，存在发布虚假供求信息或以过期信息冒充当前信息的风险，以骗取对方的财物。目前，尚未有完美的信息鉴别解决方案来应对这一问题。

2.信用风险

信用风险主要源自三个方面：一是买方信用风险。个人消费者可能在网络支付时恶意透支信用卡，或使用伪造的信用卡骗取货物；集团购买者则可能拖延货款支付，给卖方带来风险。二是卖方信用风险。卖方可能无法按质、按量、按时寄送消费者购买的货物，或未能完全履行与集团购买者的合同，从而给买方造成损失。三是买卖双方均存在抵赖的可能性。

传统交易中，交易双方可以直接面对面交流，信用风险相对容易控制。然而，网上交易的物流与资金流在空间和时间上是分离的，缺乏信用保证将极大阻碍交易的进行。此外，网上交易往往跨越时空，交易双方难以面对面交流，这使得信用风险的控制更加困难。因此，网上交易双方必须具备良好的信用，并建立一套有效的信用机制来降低信用风险。

3.管理风险

管理风险主要源于交易流程管理、人员管理和交易技术管理的不完善。

（1）交易流程管理风险

在网络商品中介交易过程中，客户进入交易中心，买卖双方签订合同。交易中心需监督买方按时付款，并确保卖方按时提供符合合同要求的货物。这些环节均存在大量管理问题，若管理不善，将引发潜在风险。为防范此类风险，需构建完善的制度体系，形成相互关联、相互制约的制度体系。

（2）人员管理风险

人员管理往往是网上交易安全管理中的薄弱环节。近年来，我国计算机犯罪案件呈现内部作案趋势，这主要归因于工作人员职业道德修养不够、安全教育和管理松懈等。一些竞争对手甚至通过招募新人或不正当手段收买企业网络交易管理人员，以窃取用户识别码、密码、传输方式及相关机密文件等。

（3）交易技术管理

网络交易技术管理漏洞同样带来较大风险。部分操作系统中存在无口令用户，如匿名FTP。利用远程登录（Telnet）命令登录这些无口令用户，允许被信任用户无需口令即可进入系统，进而升级为超级用户，这对交易安全构成严重威胁。

相比之下，传统交易经过长期发展，已建立了相对完善的控制机制和管理规范。而网上交易作为新兴领域，尚存在诸多漏洞，因此亟须加强管理和规范交易流程，以确保交易安全。

4.法律风险

虽然网上交易信息系统的技术设计是先进且超前的，具有强大的生命力，然而我们必须清醒地认识到，当前法律体系尚未提供完整的条文来保护网络交易中的各种交易方式，因此还存在一些法律风险。

一方面，网上交易可能面临因法律滞后而无法保障合法交易权益的风险。例如，当通过网络达成交易合同时，如果法律尚未承认数字化合同的法律效力，交易双方可能因此失去法律的保护，面临合同无效或难以执行的风险。

另一方面，网上交易可能承担因法律事后完善所带来的风险。在某些情况下，原本在法律条文中没有明确规定的网上交易行为，在后续颁布的新法律中可能被认定为违法经营。这会导致之前进行的交易行为变得不合法，从而给交易双方带来损失。例如，一些电子商务公司在未经许可的情况下开通了网上证券交易服务，而在新法律颁布后，只有证券公司和沪深证券交易所才被允许从事此类服务，这将剥夺这些电子商务公司提供网上证券交易服务的资格，并给其带来经营损失。

在进行网上交易时，交易双方应充分了解并评估可能面临的法律风险，并采取相应的措施来降低这些风险。同时，政府和相关机构应完善相关法律体系，为网络交易提供更加全面和有效的法律保护。

8.1.2　电子商务的安全性需求

电子商务发展的核心与关键，在于确保交易的安全性。Internet的开放性虽然为网上交易提供了良好平台，但同时带来了诸多潜在的风险，由此对安全控制也提出了相应的要求。

1.信息的保密性

信息的保密性是指信息在存储、传输和处理等过程中不被他人窃取。电子商务作为现代贸易的一种手段，其信息内容直接关联到个人、企业或国家等的商业机密。鉴于电子商务建立在相对开放的网络环境中，尤其是Internet，维护商业机密是电子商务全面推广和应用的重要保障。为此，我们必须采取有效措施，防止非法信息窃取行为的发生，确保信息在传输等过程中不被非法获取。例如，信用卡的账号、用户名等敏感信息必须严格保密，在信息传输过程中通常需要进行加密处理，以确保其安全性。

2.信息的完整性

信息的完整性是指信息在存储过程中不被篡改和破坏，在信息的传输过程中发送的信息和收到的信息一致，在传输过程中未被篡改和破坏。电子商务简化了贸易流程，但带来了维护贸易各方商业信息完整性的问题。信息的完整性对于交易双方的决策十分重要。因此，我们必须防止对信息的随意生成、修改和删除，同时确保数据在传输等过程中不丢失、不重复，以保持信息的完整性。

3.交易者身份确定性

交易者身份的确定性是指交易双方确实存在，不可假冒。在电子商务交易中，确保交易者身份的确定性是保障交易安全的重要基础。通过验证交易者的身份，可以有效防止欺诈行为的发生，确保交易的真实性和合法性。因此，在电子商务交易中，必须采取严格的身份验证措施，如数字签名、数字证书等，以确保交易双方的身份准确无误。

4.信息的不可否认性

信息的不可否认性是指信息的发送方不可否认已经发送的信息，接收方也不可否认已经收到的信息。电子商务交易的不可否认性是指交易双方不能否认彼此间所进行过的信息交流或交易行为。在电子商务环境中，由于交易双方可能身处不同的地理位置，且交易过程往往通过电子方式进行，因此需要通过数字签名、身份认证和可信赖第三方的参与等机制保障交易的不可否认性。例如，因市场价格的上涨或者信息传递的延迟，卖方完全否认收到订单或否认收订单的日期，从而给买方造成一定的经济损失，卖方的行为就违背了信息的不可否认性要求。

5.电子商务交易的有效性

信息的可用性，也称有效性，是指信息资源可被授权实体按要求正常访问。在交易系统运行时，正确存取交易活动相关信息；当系统遭受意外攻击或破坏时，可以迅速恢复并能投入使用，为交易参与者提供服务。电子商务以电子形式取代了传统的纸张交易，因此我们需要对网络故障、操作错误、应用程序错误、硬件故障、系统软件错误以及计算机病毒等潜在威胁进行控制和预防，以确保交易数据在确定的时间、确定的地点是有效的，从而维护交易的顺利进行。

6.系统的可靠性

系统可靠性是指网络硬件和软件在运行过程中展现出的稳定性。它评价系统在特定条件和规定时间内完成预定功能的能力。从信息安全的角度出发，网络环境的可靠性意味着系统能够避免因计算机故障、断电等意外情况而导致的信息错误、失效或丢失。在电子商务系统中，需要选择质量好、可靠性高的硬件和软件产品，并考虑系统配置的冗余和备份，以应对计算机故障或意外原因（如停电）可能造成的信息错误、失效或丢失。此外，还需要配置良好的备用电源和防雷设施，系统维护人员应定期对系统进行保养和维护，确保系统不带故障运行。

8.2 电子商务安全技术

电子商务安全技术是确保电子商务交易安全的关键所在。通过采用加密技术、认证技术、安全电子交易协议、黑客防范技术、虚拟专用网技术和反病毒技术等手段，可以实现对电子商务交易过程中数据的保密性、完整性、身份验证及交易不可否认性等。

8.2.1 加密技术

1.加密的相关概念

在信息安全领域，通常将信息的原始、未加密形式称为明文。当明文经过特定的变换或加密处理后，就转化为密文。这个过程被称为加密。相应地，将密文还原回明文的过程则被称为解密。解密是加密的逆过程。

算法是计算机解决问题的方法和步骤。在计算机科学中，每一个算法都是由一系列操作指令组成的：这些操作包括基本的算术运算（如加、减、乘、除）、逻辑判断、数据置位等；这些指令按照顺序、分支、重复等控制结构组织起来，以完成特定的计算或处理任务。

在加密技术中，密钥扮演着至关重要的角色。密钥是在将明文转换为密文或将密文转换为明文的算法中输入的一串字符，可以是数字、字母、词语或短语等。密钥与加密算法共同作用，生成特定的密文。密钥是数据加密技术的核心，控制着加密和解密算法的实现。为了确保通信的安全，通信双方都需要掌握相同的密钥。密钥的尺寸通常用位（Bit）来衡量。在公开密钥加密方法中，密钥的尺寸越大，通常意味着加密的安全性越高。

HASH算法（哈希算法）也是一种重要的加密技术。哈希函数是一个数学方程式，可以将任意长度的文本（如电子邮件信息）转换为一个固定长度的代码，这个代码被称为信息摘要或哈希值。哈希算法在数据完整性校验、数字签名等领域有着广泛的应用。

数据加密的基本过程就是对明文进行特定的算法处理，使其转化为不可读的密文。只有在输入相应的密钥后，才能将密文还原为明文。这个过程旨在保护数据不被非法窃取或阅读。相应地，解密过程就是将密文还原为明文的过程，同样依赖于解密算法和密钥。

常用的现代加密体制有对称加密体制和非对称加密体制两种。

2.对称加密技术

对称加密技术也称单密钥加密或对称密钥加密，是一种采用单钥密码系统的加密方法。在这种加密方法中，同一个密钥可以同时用作信息的加密和解密。

这种技术要求发送方用户和接收方用户在安全通信之前，商定一个密钥。这样发送方用户和接收方用户使用相同的密钥对信息进行加密和解密。对称加密流程如图8-1所示。

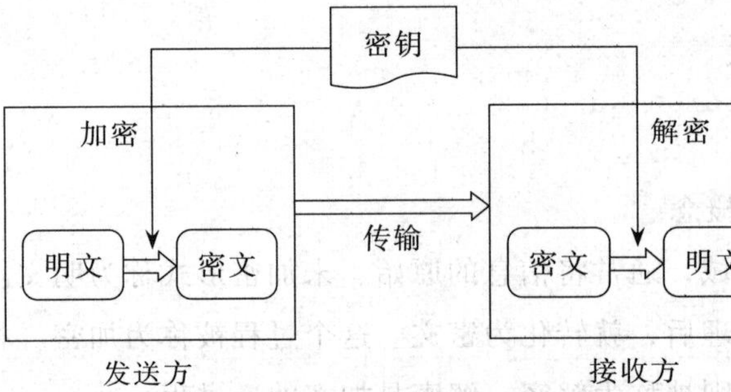

图8-1　对称加密流程

常见的对称加密算法有DES（Data Encryption Standard，数据加密标准）和AES（Advanced Encryption Standard，高级加密标准）等。现阶段在电子商务中，虽然DES曾经是一个广泛应用的对称加密算法，但由于DES的密钥长度较短(56位有效密钥长度)，已经不再被视为足够安全的加密算法，特别是在目前强大计算能力的情况下。DES是对称的，既可用于加密又可用于解密，其安全性主要依赖于密钥的保密性而非算法本身的复杂性。

相对于DES，目前更常用的对称加密算法是AES。它提供了128位、192位和256位3种密钥长度选项，以提供更高的安全性。AES已经成为许多领域，包括电子商务在内的主流加密算法。

3.非对称加密技术

非对称加密技术是加密密钥和解密密钥是不相同的，且两者在合理假定的长时间内无法相互推算。这种技术也被广泛称为公开密钥加密技术，原因在于加密密钥（即公开密钥）是可以公开的，任何人都可以获取并使用它来对信息进行加密。然而，只有拥有相应解密密钥（即私有密钥）的接收方才能解密这些加密信息。

在非对称加密体系中，公开密钥和私有密钥是成对出现的，它们之间存在特定的数学关系：使用其中一个密钥加密的信息，只能使用对应的另一个密钥进行解密。同时，从其中一个密钥无法推算出另一个密钥，这保证了加密过程的安全性。

在实际应用中，发送方和接收方需要在安全通信之前进行准备。发送方通常通过网络查询或其他可靠途径获取接收方的公开密钥，然后使用这个密钥对明文信息进行加密，生成密文。接收方在收到密文后，使用自己的私有密钥进行解密，从而恢复出原始的明文信息。非对称加密流程如图8-2所示。

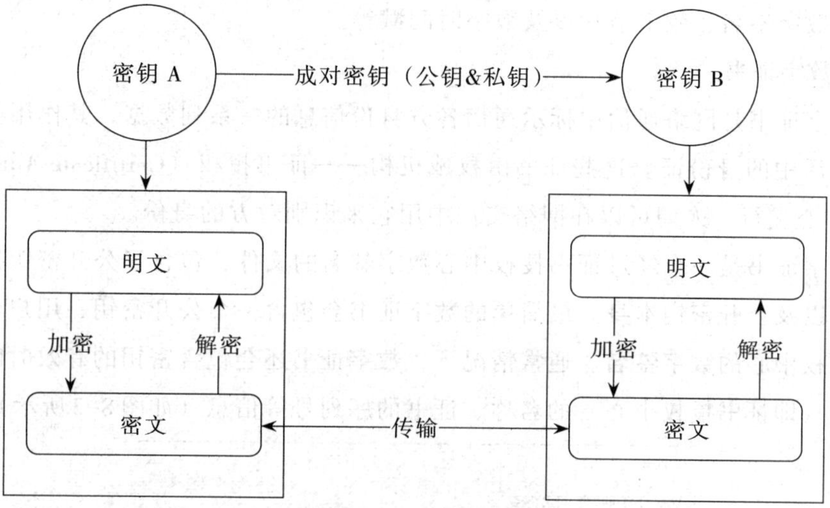

图8-2 非对称加密流程

在电子商务中，常用的非对称加密算法有RSA加密算法和ECC加密算法等。RSA加密算法由罗纳德·李维斯特（Ronald Rivest）、阿迪·萨莫尔（Adi Shamir）和伦纳德·阿德曼（Leonard Adleman）在1977年共同提出，其名称来源于这三位发明者姓氏的首字母。RSA算法的安全性基于大整数的因子分解难度，它使用一对密钥（公钥和私钥）来实现对数据的加密和解密。

4.混合加密技术

混合加密技术并非单一的加密手段，而是一个融合了多种技术的综合体，特别是将对称加密技术与非对称加密技术巧妙结合。在通信双方的交流过程中，这一技术被分为两个阶段。首先，双方会利用非对称加密技术安全地传递本次通信所需的对称密钥。其次，这个对称密钥将被用于加密并传输实际的文件内容。混合加密技术是在实际应用中由用户逐渐摸索出来的，有效地弥补了对称加密和非对称加密各自存在的不足，实现了两者的优势互补，从而在确保安全性的同时，提升了用户的便利性。

8.2.2 认证技术

认证技术基于数据加密技术来防止有人对系统进行主动攻击，如冒充或篡改。认证的目的主要有两个：一是确认信息发送者的身份；二是验证信息的完整性，即确保信息在传送或存储过程中没有被篡改过。与认证相关的技术包括数字证书、数字签名、数字信封以及数字时间戳等。

1.数字证书

数字证书是网络通信中标示通信各方身份信息的一系列数据，其作用类似于现实生活中的身份证。这些证书由权威机构——证书授权（Certificate Authority，CA）中心发行，人们可以在网络交往中用它来识别对方的身份。

数字证书是一个经过证书授权中心数字签名的文件，包含了公开密钥拥有者的信息以及公开密钥本身。最简单的数字证书会包含一个公开密钥、用户名以及证书授权中心的数字签名。通常情况下，数字证书还会包含密钥的有效时间、发证机关（即证书授权中心）的名称、证书的序列号等信息（如图8-3所示）。

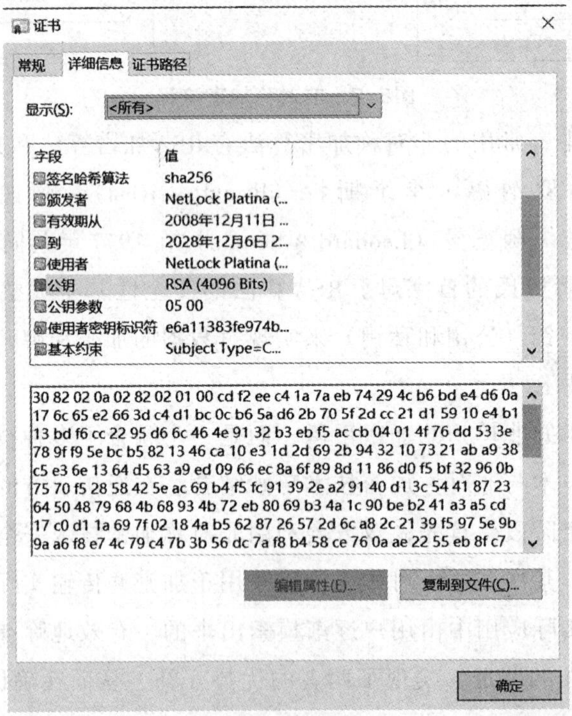

图8-3 数字证书

数字证书在互联网上的电子商务活动和电子政务活动中有着广泛的应用。其应用范围涵盖了需要身份认证及数据安全的各个行业，无论是传统的商业、制造业、流通业的网上交易，还是公共事业、金融服务业、工商税务、海关、政府、教育科研单位、保险、医疗等领域的网上作业系统，都可以使用数字证书来确保通信的安全性和身份的真实性。

2.数字签名

数字签名是由通过某种密码运算生成的一系列符号和代码组成的电子密码，用于替代传统的书写签名或印章，这种电子签名可以进行技术验证。数字签名的验证准确度远超一般的手工签名和图章验证。

数字签名在电子商务、电子政务中应用广泛，是当前最普遍、技术最成熟、可操作性最强的一种电子签名方法。它采用规范化的程序和科学化的方法，用于确认签名人的身份，并认可一项电子数据的内容。数字签名还能验证电子文件在传输过程中是否被篡改，确保传输的电子文件具有完整性、真实性和不可抵赖性。

数字签名的生成是由数字签名软件在计算机上自动完成的，数字签名软件分两个步骤产生数字签名。第一步，数字签名软件利用特定的算法（即哈希算法）将被签名的文件转换成一个远小于原文件的消息摘要。这个摘要对该文件来说是唯一的，一旦原文件的任何部分被修改，相应的消息摘要也会发生变化。第二步，发送者使用其独有的私钥对生成的消息摘要进行加密，从而生成数字签名。随后，发送方将原文和数字签名同时发送给接收方。

接收方收到附有数字签名的电子文件后，分三个步骤进行检验。第一步与数字签名软件的操作相似，即对接收到的电子文件使用相同的算法生成一个消息摘要。第二步是使用签名者的公开密钥对接收到的数字签名进行解密，从而还原出消息摘要。第三步是将第一步生成的消息摘要与第二步解密得到的消息摘要进行对比。如果两者一致，则说明文件在传输过程中保持完整，未被修改；如果不一致，则表明文件在传输过程中可能已被修改或出现了错误。

根据公开密钥加密体系的特性，即密钥的加密与解密是相互依存的，收件人只要能用签名者的公开密钥成功解密其数字签名，就可以证实该文件确实来自真实的签名者。

3.数字信封

数字信封是一种结合了对称加密和非对称加密技术来进行信息安全传输的

技术。

在对称加密中，发送方和接收方使用相同的密钥对信息进行加密与解密。这种方法具有加密速度快、安全性高的优点，但密钥的分发和管理是一个难题。如果密钥在传输过程中被截获，那么加密的信息可能被破解。

针对上述问题，数字信封采用非对称加密技术。发送方首先生成一个随机的对称密钥，并使用这个密钥对信息进行加密。然后，发送方使用接收方的公钥将这个对称密钥进行加密，形成数字信封。这样，即使数字信封在传输过程中被截获，截获者也无法直接获取到对称密钥，因此无法解密加密的信息。

当接收方收到数字信封和加密的信息时，它首先使用自己的私钥对数字信封进行解密，得到对称密钥。然后，接收方使用这个对称密钥对加密的信息进行解密，从而得到原始的信息内容。

在电子商务中，数字信封可以保护交易双方的敏感信息，如订单详情、支付信息等。在电子政务中，数字信封可以用于传输政府文件、政策通知等敏感信息。此外，数字信封可以应用于电子邮件加密、移动支付、物联网等领域，为各种应用场景提供安全保障。

4.数字时间戳

数字时间戳（Digital Time-Stamp）是指数字文档或交易发生的时间的权威证明。其本质是在特定的时间，对一个数据（如电子文件、交易记录等）进行数字签名，从而产生一个不可伪造和篡改的时间戳文件，以此来证明数据在某个时间点已经存在。

具体来说，时间戳服务系统首先会接收用户提交的数据，并生成一个唯一的哈希值（或称摘要）。其次，系统会使用其私钥对该哈希值进行数字签名，并附上当前的时间信息。最后，系统会将这个签名和原始数据一起发送给用户，作为该数据的数字时间戳。

5.CA中心

CA中心又称数字证书认证中心，是负责发放和管理数字证书的权威机构。作为电子商务交易中受信任的第三方，它承担着公钥体系中公钥合法性检验的责任。

CA中心的作用主要体现为对参与网上交易活动的各个主体（如持卡消费者、商家、收单银行的支付网关等）进行事先的身份验证或识别，并为其在网上提供一个代表其身份的数字证书。这些数字证书正是由权威机构（即CA）

来颁发的。CA中心是整个信任链的起点，也是开展电子商务的基础。如果CA中心不安全或发放的证书不具备权威性，那么网上电子交易的安全性就无从谈起。

8.2.3　电子商务安全协议

电子商务安全协议是以密码学为基础的信息交换协议，用于保障计算机网络系统中信息的安全传递与处理。在众多电子商务安全协议中，安全套接层（Secure Sockets Layer，SSL）协议、安全电子交易（Secure Electronic Transaction，SET）协议以及公钥基础设施（Public Key Infrastructure，PKI）较为常见。接下来，我们将对这三种协议进行简单介绍。

1.安全套接层（SSL）协议

安全套接层（SSL）协议是一种基于Web应用的安全协议，主要用于解决Web上信息传输的安全问题。SSL协议在应用程序协议（如HTTP、Telnet、NNTP和FTP等）与TCP/IP之间提供一个数据安全性分层的机制。它能够为TCP/IP连接提供数据加密、服务器认证、消息完整性校验以及可选的客户机认证功能。

SSL协议是一个层次化的协议体系，主要包括SSL记录协议（SSL Record Protocol）和SSL握手协议（SSL Handshake Protocol）两部分。其中，SSL记录协议建立在可靠的传输协议之上，为上层协议提供数据封装、压缩和加密等支持；而SSL握手协议则建立在SSL记录协议之上，用于完成服务器与客户机之间的相互认证、协商加密算法和加密密钥等，这些操作都发生在应用协议层传输数据之前。

SSL协议的具体实现过程包含以下关键环节：首先，它会对需要传输的信息进行分割，形成可以控制的数据段。其次，对这些数据段执行压缩、生成“摘要”（也称为文摘）以及加密等一系列操作，以确保数据的安全性和完整性。完成这些处理后，再将结果数据进行传送。再次，对于接收到的数据，SSL协议会进行逆向操作。这包括解密数据以还原原始信息，验证数据的完整性以确保在传输过程中未被篡改，以及进行解压操作以恢复数据的原始格式。最后，将处理后的数据传送给上层协议进行进一步处理。通过这样的实现过程，SSL协议能够有效地保障计算机网络系统中信息的安全传递与处理。

2.安全电子交易（SET）协议

安全电子交易（SET）协议是电子商务领域中的一个国际标准，为保障在线交易的安全性而设计。SET协议以信用卡为基础，旨在通过加密、认证和密钥管理等手段，确保电子商务交易过程中的信息安全。

SET协议不仅保留了消费者对信用卡的认证机制，还增加了对商家身份的严格认证，从而全方位地保护消费者、商家以及银行等之间的交易数据完整性和不可抵赖性。这一协议通过多层安全措施，为在线支付提供保障。SET协议支付系统由六大部分组成：持卡人、商家、发卡行、收单行、支付网关以及CA中心。这些组成部分相互协作，共同确保交易过程的顺畅与安全。

与此相对应，基于SET协议的网上购物系统也至少需要包含以下几个组成部分：电子钱包软件，用于管理消费者的支付信息和进行交易；商家软件，用于处理订单和交易请求；支付网关软件，作为银行网络与互联网之间的桥梁，负责处理支付请求和交易数据；签发证书软件，用于生成和管理交易双方所需的数字证书，确保交易双方的身份真实可靠等。

3.公钥基础设施（PKI）

公钥基础设施（PKI）是为了应对互联网环境中的多重安全挑战，推动密码技术革新应运而生的一套全面的互联网安全解决方案。PKI通过集成一系列安全服务，运用证书来管理公钥，并借助第三方的可信赖机构——CA中心，将用户的公钥与其身份标识信息（例如身份证号码、姓名以及E-mail等）进行绑定，从而在互联网上有效验证用户的身份。

PKI是建立在公钥理论和技术基础之上的安全服务基础设施，其系统架构涵盖了多个关键组成部分。这些部分包括：权威机构（CA中心），负责颁发和管理数字证书；数字证书库，用于存储和检索已颁发的证书；密钥备份及恢复系统，确保密钥的安全存储与恢复；证书作废系统，用于处理证书的撤销与更新；应用编程接口（Application Programming Interface，API），为各种应用提供与PKI系统交互的能力。

8.3 电子商务安全管理措施

电子商务安全问题是在其发展过程中难以避免的一个关键环节。为了更有效地规避潜在风险，并确保用户在电子商务活动中的合法权益，我们必须对电子商务的安全问题予以妥善处理。这需要我们采取一种综合防范的策略，从多个角度全面加强电子商务的安全管理，以确保整个交易过程的稳健与安全。

8.3.1　提高电子商务的安全防范意识

有些用户认为，有了完善的技术防范机制就能彻底根除网络威胁，这种观念是错误的。网络威胁的形式多种多样，它们善于利用各种伪装手段迷惑用户，使用户在不经意间触发安全风险。加之现代社会对互联网深度依赖，而大部分用户在网络安全知识方面存在不足，有些用户的网络法律和道德意识也相对淡薄，这些进一步增加了他们遭受非法用户攻击的风险。电子商务安全体系是一个复杂且全面的安全保障体系，单纯依赖技术手段来建立安全保障体系是远远不够的。正如安全领域常说的“三分技术，七分管理”，即电子商务安全的保障中，约30%依赖于信息安全设备和技术手段，而剩余的70%则依赖于网民安全意识的提升、管理模式的优化，以及管理制度和法律、法规的持续完善等。

提高安全防范意识是最基本的电子商务安全管理措施，用户只有在进行网络活动时时刻保持防范意识，才能最大限度地降低风险。以下是一些有助于提高安全防范意识的防范措施：

（1）掌握必要的电子商务安全知识，做到未雨绸缪，有备无患。

（2）养成良好的上网习惯，避免随意打开陌生的电子邮件和广告网页。

（3）谨慎保管交易密码，并定期更换，以确保账户安全。

（4）坚决不浏览非法网站，并严格保护个人信息，避免随意泄露。

（5）定期清理计算机垃圾文件，并安装杀毒软件进行病毒查杀，以保持系统的清洁与安全。

此外，国家应加强对电子商务安全的政策引导，帮助用户增强网络安全意识。只有树立正确的网络安全观念，提高个人的网络安全防范意识，并构建起有效的信息风险防范心理屏障，我们才能有效提升网络安全的防御能力。

8.3.2 建立电子商务安全管理组织体系

电子商务企业应建立并持续优化自身的电子商务安全管理组织体系，明确界定各职能部门的职责，并切实做好电子商务的风险控制工作。该安全管理组织体系的日常工作主要涵盖以下四个方面：

（1）组织相关人员积极参与电子商务安全培训与学习，并出席电子商务安全会议，深入讨论信息安全问题。

（2）对电子商务信息进行严格审查与合理分配，确保信息来源的准确无误与真实性。

（3）识别与评估电子商务信息系统的潜在安全漏洞，保障电子商务系统的稳定与正常运行。

（4）提供切实可行的电子商务安全实施方案，并持续监测信息安全措施的执行情况，及时有效处理信息安全事故。

电子商务安全管理组织体系涉及信息安全与技术安全等多个方面，要求相关人员各尽其责、协同合作，共同营造一个更加安全、可靠的企业电子商务环境，为企业组织的信息安全提供有力的指导与支持。

8.3.3 建立电子商务安全管理制度

建立科学合理的电子商务安全管理制度，可以帮助企业更有效地进行安全管理，提高员工对电子商务安全的防范意识。具体的电子商务安全管理制度可以包括以下几个方面：

人员管理制度：涵盖员工的选拔、工作职责的明确，以及安全运作所必需的基本原则和工作规范等。通过合理的选拔和培训，确保员工具备必要的安全意识和技能。

保密制度：电子商务系统往往涉及企业的市场、生产、财务和供应链等多方面的机密信息，需要对这些信息进行安全级别划分，并加强对重点防范对象的监督，制定不同的保密措施来确保信息安全。

跟踪审计制度：建立网络交易日志机制，用于记录网络交易过程。通过定期检查、审查网络交易日志，发现安全隐患，监控各种安全事故，维护和管理系统安全。

网络系统的日常维护制度：这一制度主要关注硬件和软件的日常维护。硬件维护包括定期巡查、检修网络设备、服务器、客户机和通信线路等；软件维护则涉及定期清理、整理、监测软件，卸载过期软件，升级软件性能等。

病毒防范制度：建立完善的防病毒系统，制定整体安全规划和安全策略。这包括防病毒系统的安装、调试、检测、监控、维护、版本升级和病毒代码库更新等工作，以确保系统免受病毒侵害。

数据备份与恢复制度：为了避免电子商务系统因意外自然灾害或黑客攻击等而遭受重大破坏，需要建立相应的数据备份与恢复制度。这包括定期对信息系统数据进行备份，以及为重要信息和系统设备制订备份计划。要定期更新备份数据，并确保在数据遭受破坏时能够最大限度地恢复数据资源，降低业务风险。

每个企业都应根据自身的特点和人员配置要求来建立相应的电子商务安全管理制度，并明确每个制度的具体实施方法和执行力度。做好制度的维护与更新工作，确保制度能够适应不断发展变化的电子商务环境。

8.3.4 电子商务安全的日常防范

对普通用户而言，加强电子商务安全的日常防范至关重要。这不仅能在很大程度上降低安全风险，还能有效保护用户免受不法分子的侵害。以下是一些常用的电子商务安全日常防范手段：

安装可靠的防火墙与杀毒软件：这些工具能够阻挡来自外界的潜在威胁，确保计算机系统的安全。

禁止磁盘或文件自动运行：从网络上下载的文件、程序或手机应用软件等，在打开之前应先通过杀毒软件进行扫描，以确保其安全性。

加密并备份重要文件：对重要文件进行加密处理，并定期进行备份，以防止数据丢失或被窃取等。

设置复杂且定期更换的密码：避免使用生日、身份证号码等容易被猜测或破解的密码，养成定期修改密码的好习惯。

谨慎接收陌生文件：对于收到的陌生文件，不要出于好奇而随意接收和打开，最好先进行病毒查杀或直接拒收。

谨慎连接公共Wi-Fi：在使用手机上网时，避免随意连接公共场所的免费Wi-Fi，以防止个人信息泄露。

及时更新运行系统：及时更新操作系统和应用程序等，以修复可能存在的安全漏洞，防止黑客利用这些漏洞进行攻击。

通过采取这些日常防范措施，普通用户可以在电子商务活动中更加安全地保护自己的个人信息和财产安全。

8.3.5 电子商务安全的管理策略

电子商务安全管理策略涉及的领域复杂而广泛，一个全面的电子商务安全管理策略通常包括物理安全策略、网络安全策略以及灾难恢复策略等多个方面。

1.物理安全策略

物理安全策略是电子商务安全管理策略的基础。在基于Internet的电子商务交易过程中，电子商务系统所依赖的物理设备面临着极高的安全要求。这些物理安全风险主要包括自然灾害风险、人为风险和硬件防护风险。因此，需要制定相应的物理安全策略来应对这些风险。

（1）自然灾害安全防范策略

为了防范自然灾害对电子商务系统造成的破坏，我们需要采取一系列的安全措施。这些措施包括防火、防水和防雷等。设备所在场所应具备防火、防水条件，并采取相应的隔离措施，以确保在意外情况下设备的安全。此外，由于电子商务系统的设备主要由电路组成，因此制定全方位、安全灵活的防雷等措施也至关重要。

（2）人为风险防范策略

人为风险是电子商务系统面临的另一大威胁。这些风险包括人为操作失误、设备被盗窃以及计算机犯罪等问题。为了防范这些风险，我们需要建立健全安全制度，并加强员工的安全意识培训。对于设备防盗问题，如果条件允许，可以安装先进的防盗系统；如果资金有限，则可以通过加强内部管理来降低风险。对于计算机犯罪问题，我们需要通过法律手段进行打击，并加强自身的安全防范能力。

(3) 硬件防护策略

硬件防护策略主要包括电磁防护和硬件设备维护两个方面。在电磁防护方面，我们需要对服务器等设备进行电源保护、采取有效的防静电措施，并抑制和防范电磁泄漏与电磁干扰。在硬件设备维护方面，我们需要定期对设备进行检修和维护，以确保其正常运行。如果条件允许，还可以增加设备信息保护装置来提高安全性。

2.网络安全策略

网络安全是电子商务系统安全的核心。为了保障网络安全需要从技术和管理两个方面入手，制定相应的网络安全策略。

(1) 技术策略主要包括的内容

①安装使用网络安全监控设备和相关软件。通过借助专业的网络安全监控设备和软件，我们可以加强对各种不法行为的监控和防范。

②加强网络访问控制。访问控制是网络安全防范和保护的主要策略之一。我们需要通过入网访问控制、网络权限控制、网络监测和锁定控制等手段来确保只有合法用户才能访问电子商务系统。

③采用防火墙技术。防火墙可以检查通过内部网和外部网间的信息往来，并鉴别网络服务请求是否合法。对于不合法的请求，防火墙可以采取拒绝或响应的措施来保护系统安全。

④数据加密。数据加密是一种有效的安全技术手段。通过采用一定的加密技术，我们可以防止数据在传输过程中被截获或篡改等。数据加密的核心是加密方式的选择以及密钥的分配和管理。

⑤引入鉴别机制。鉴别机制可以查明另一个实体的身份和特权，以确定其合法性。通过引入鉴别机制，我们可以增强电子商务系统的安全性。

(2) 管理策略主要包括的内容

①加强电子商务网络系统的日常管理和维护。定期对电子商务网络系统进行维护和更新，以确保其正常运行。

②建立严格的保密制度。制定严格的保密制度来保护电子商务系统的敏感信息不被泄露。

③加强对管理人员的监督和培训。对管理人员进行定期的监督和培训，以提高他们的安全意识和技能水平。

④建立跟踪、审计和稽核制度。通过建立跟踪、审计和稽核制度，可以及时发现和解决电子商务系统中存在的问题和风险。

⑤完善病毒防范制度。制定完善的病毒防范制度来防范和应对病毒对电子商务系统的威胁。

⑥建立健全相关法律法规制度。建立健全相关法律法规制度来规范电子商务系统的安全管理和使用行为。

3.灾难恢复策略

灾难恢复策略是为了在数据资源遭受破坏后迅速恢复系统功能而制定的策略。对于电子商务系统来说，灾难主要是指意外的自然灾害以及黑客攻击等原因造成的数据库破坏。因此，灾难恢复策略主要包括灾难备份和数据恢复两个环节。

（1）灾难备份

灾难备份的内容包括确定备份方案、建立数据恢复中心以及建立完善的备份制度等。通过制订合理的备份方案并建立数据恢复中心，我们可以确保在灾难发生时能够迅速恢复数据资源。同时，建立完善的备份制度可以提高备份的可靠性和安全性。

（2）数据恢复

数据恢复的内容包括评估数据损失情况、确定数据恢复方案以及恢复数据等。在灾难发生后，我们需要及时评估数据损失情况并确定合适的数据恢复方案。然后，通过恢复数据来最大限度地保持数据资源的完整性并降低损失。

8.4 电子商务法

电子商务法律法规是指调整电子商务活动中所产生的社会关系的法律规范，是一个新兴的综合法律领域。其核心目的在于通过规范电子行为，保障电子商务的安全，建立和维护电子商务的社会公共秩序，进而推动电子商务和国民经济的发展。《中华人民共和国电子商务法》（以下简称《电子商务法》）的制定主要是为了保障电子商务各方主体的合法权益，规范电子商务行为，维护市场秩序，促进电子商务持续健康发展。

2018年8月31日，《电子商务法》经中华人民共和国第十三届全国人民代表大会常务委员会第五次会议通过，自2019年1月1日起施行。该法是我国第一部电子商务领域的综合法律，对解决电子商务存在的突出问题、规范并促进电子商务发展具有重要意义。

8.4.1 电子商务法概述

《电子商务法》所称的电子商务，是指通过互联网等信息网络销售商品或者提供服务的经营活动。电子商务经营者，是指通过互联网等信息网络从事销售商品或者提供服务的经营活动的自然人、法人和非法人组织，包括电子商务平台经营者、平台内经营者以及通过自建网站、其他网络服务销售商品或者提供服务的电子商务经营者。电子商务平台经营者，是指在电子商务中为交易双方或者多方提供网络经营场所、交易撮合、信息发布等服务，供交易双方或者多方独立开展交易活动的法人或者非法人组织。平台内经营者，是指通过电子商务平台销售商品或者提供服务的电子商务经营者。

电子商务法主要调整的是电子商务交易中产生的各种社会关系，这些社会关系是在广泛采用新型信息技术并将其应用于商业领域后所形成的特殊关系，它们因在线商业行为而产生。这些社会关系既存在于虚拟社会中，又与现实社会紧密相连，呈现出一种交叉状态，与实体社会中的社会关系有所不同。更为关键的是，这些社会关系完全独立于现行法律的调整范围之外，因此需要专门的电子商务法来进行规范和调整。

8.4.2 电子商务法的特征

电子商务法是涉及广泛领域的法律体系，既包含传统的民法领域，如合同法、对外贸易法、著作权法、消费者权益保护法等，也涵盖了新兴领域，如电子签名法、数字认证法等。这些法律规范总体上归属于商法范畴，体现了商法作为公法干预下的私法的特性，其中既有任意性规范，也存在强制性规范。电子商务法具有以下几个特征：

1. 商法性

电子商务法主要规范商事主体和商事行为，特别是电子商务行为。它涵盖了数据电文制度、电子签名及其认证制度、电子合同制度、电子信息交易制度及电子支付制度等行为法内容，也包含组织法的内容，如认证机构的设立条件、管理和责任等。

2.全球性

电子商务具有开放性和跨国性，许多问题只有国际社会采取一致规则才能有效解决。联合国国际贸易法委员会通过的《电子商务示范法》为这种国际协调奠定了基础，通过制定示范法，统一了观念和原则，促进了国际合作与协调。

3.技术性

电子商务法中的许多法律规范直接或间接地来源于技术规范，特别是在电子签名和数字认证中使用的密钥技术、数字证书等，都是技术规范的应用。此外，网络本身的运作需要遵循一定的技术标准，否则就无法在网络环境下进行电子商务交易。

4.开放性和兼容性

电子商务法具有开放性和兼容性，对世界各地区和各种技术网络开放，同时适应多种技术手段和传输媒介的对接与融合。这种开放性和兼容性确保了电子商务法能够灵活应对不断变化的网络环境和技术发展。

8.4.3 电子商务法的调整对象和范围

电子商务法的产生是电子商务蓬勃发展与自身规范化需求的必然产物。它是一套法律规范的总和，旨在调整在线商业行为及其引发的相关问题。电子商务法所调整的对象，即为电子商务交易及其形成的商事法律关系。这些法律关系的主体，也就是在线的参与主体，广泛涵盖了电子商务第三方平台、电子商务平台内经营者、认证机构、物流配送公司、第三方支付企业等。

从字面上来看，电子商务可以理解为“电子手段+商务活动”。这里的电子手段，包括信息通信技术、光学技术以及其他能够生成、储存和传递信息的技术手段，如电子数据交换、电子邮件、电报、电传或传真等。电子商务交易的对象，不仅包括了传统的商品和服务，还涵盖了新兴的在线商业服务。广义上，电子商务包括所有利用信息通信技术进行的商务活动。按照商务活动的内容来分类，电子商务法主要涵盖了两类商务活动：贸易型电子商务和服务型电子商务。

1.贸易型电子商务

贸易型电子商务是指涉及财产权利转移的电子商务活动，这包括了有形货物的贸易和无形的信息产品的贸易。

有形货物的贸易，通常是在网络上完成合同的签约过程，而合同的履行则依赖于传统的物流系统。这意味着信息流和资金流在网络虚拟世界中发生，而物流则在网络外的现实世界中完成。因此，有形货物的电子交易仍须借助传统的物流配送渠道来实现。

无形的信息产品（如软件、影视商品等）的贸易，则完全在网络上完成合同的签订、支付和产品的交付。

2.服务型电子商务

服务型电子商务包括为开展电子商务提供服务的经营活动，以及通过网络开展各项有偿活动的经营活动。

这类电子商务主要提供交易平台服务、网络接入服务、电子邮件服务等，以及与教育、医疗等相关的在线服务。

尽管贸易型电子商务和服务型电子商务之间的界限在某些情况下可能并不十分清晰，但在法律上，两者之间的差别是确实存在的。

8.4.4 与电子商务经营者相关的法律规范

消费者作为电子商务经营活动中的重要主体，既是商品或服务的最终接受者，也是在生产经营、消费等环节中相对弱势的一方。因此，实践中经常出现针对消费者的网络售假、信息泄露等侵权行为，成为电子商务纠纷中的关键问题。因此，《电子商务法》在立法时着重考虑了消费者权益的保障，并明确规定了电子商务经营者的基本义务，旨在规范电子商务行为。

1.保障商品及服务质量

为了应对交易过程中常见的假货、劣质商品问题，保障商品及服务质量，《电子商务法》第十三条规定，电子商务经营者销售的商品或者提供的服务应当符合保障人身、财产安全的要求和环境保护要求，不得销售或者提供法律、行政法规禁止交易的商品或者服务。这是电子商务经营者必须遵守的最低标准，一旦违反，将依法受到相应的处罚。

2.真实公示商品或服务信息

有些电子商务经营者通过刷单等虚假宣传手段误导消费者，使其对商品或服务产生错误评价，从而增加销量。针对类似问题，《电子商务法》第十七条规定，电子商务经营者应当全面、真实、准确、及时地披露商品或者服务信息，保障消费者的知情权和选择权。电子商务经营者不得以虚构交易、编造用户评价等方式进行虚假或者引人误解的商业宣传，欺骗、误导消费者。

3.搭售商品提示

购买机票时默认搭售接机服务，预订酒店时默认包含健身服务……这些平台默认设置的搭售服务，往往导致消费者在不知情的情况下购买了可能并不需要的额外服务，这一现象长期以来备受消费者诟病。为了切实保障消费者的知情权和自主选择权，针对电子商务领域的搭售行为，《电子商务法》第十九条明确规定，电子商务经营者搭售商品或者服务，应当以显著方式提请消费者注意，不得将搭售商品或者服务作为默认同意的选项。

4.退还押金

在网上预订酒店、开通共享单车服务等场景中，消费者通常需要先交纳押金。然而，押金交纳后常常面临退还难的问题，这严重侵犯了消费者的合法权益。为了规范电子商务经营者的行为，保障消费者的押金权益，《电子商务法》第二十一条规定，电子商务经营者按照约定向消费者收取押金的，应当明示押金退还的方式、程序，不得对押金退还设置不合理条件。消费者申请退还押金，符合押金退还条件的，电子商务经营者应当及时退还。

5.依法收集、使用个人信息

近年来，我国在个人信息保护方面的立法不断加强，然而在实践中，侵犯公民个人信息权利的案件仍然屡见不鲜，特别是在电子商务领域这一问题尤为突出。为了细化公民个人信息权利，增强法律的可执行性，从而更有效地保障消费者的个人信息权利，《电子商务法》第二十三条明确规定，电子商务经营者收集、使用其用户的个人信息，应当遵守法律、行政法规有关个人信息保护的规定。这一规定意味着，虽然电子商务经营者可以收集和使用消费者的个人信息，但必须依法进行保护，并依法限制信息的使用方法和传播范围。

此外，《电子商务法》第二十四条进一步规定，电子商务经营者应当明示用户信息查询、更正、删除以及用户注销的方式、程序，不得对用户信息查询、更正、删除以及用户注销设置不合理条件。电子商务经营者收到用户信息查询或者更正、删除的申请的，应当在核实身份后及时提供查询或者更正、删除用户信息。用户注销的，电子商务经营者应当立即删除该用户的信息；依照法律、行政法规的规定或者双方约定保存的，依照其规定。

6.依法纳税

《电子商务法》第十一条规定，电子商务经营者应当依法履行纳税义务，并依法享受税收优惠。依照规定不需要办理市场主体登记的电子商务经营者在首次纳税义务发生后，应当依照税收征收管理法律、行政法规的规定申请办理税务登记，并如实申报纳税。本条规定明示了电子商务经营者的纳税义务及完税条件。根据本条规定的适用范围，所有电子商务经营者，无论是否需要办理市场主体登记，如微商、自然人等，均被纳入税收管理的范畴。这意味着，无论是大型电商平台还是个人小规模的电商活动，都必须依法纳税，履行自己的税务责任。

7.使用电子发票

《电子商务法》第十四条规定，电子商务经营者销售商品或者提供服务应当依法出具纸质发票或者电子发票等购货凭证或者服务单据。电子发票与纸质发票具有同等法律效力。该条款意味着电子发票同样可以作为消费者进行费用报销的有效凭证，这无疑为电子发票的大规模推广和应用铺平了道路。随着电子商务的快速发展，电子发票的普及将极大地提升交易效率，降低企业的运营成本，同时为消费者提供了更加便捷、环保的发票获取方式。

本章小结

本章内容是关于电子商务安全的相关知识，主要介绍了电子商务面临的安全威胁、需要满足的安全性需求、常见的电子商务安全技术（如加密技术、认证技术和安全协议等），归纳总结了电子商务安全的一系列管理措施，概述了主要的电子商务法律法规。

思考与练习

1.结合本章内容学习，请谈谈你对我国加强电子商务立法的建议。

2.电子商务中存在哪些安全隐患？

3.电子商务法的基本特征是什么？

4.电子商务法包括哪些内容？

5.电子商务安全涉及哪些方面？

主要参考文献

[1] 邓必年．京东商城物流模式研究［J］．物流工程与管理，2017（8）．

[2] 董晓华．电子商务概论［M］．2版．重庆：重庆大学出版社，2017．

[3] 冯晓玲．电子商务安全［M］．北京：对外经济贸易大学出版社，2013．

[4] 冯英健．网络营销基础与实践［M］．4版．北京：清华大学出版社，2013．

[5] 古贞，王瑜，李德强，等．电子商务概论［M］．北京：人民邮电出版社，2015．

[6] 贺刚．电子商务物流［M］．成都：西南财经大学出版社，2013．

[7] 黄敏学．电子商务［M］．4版．北京：高等教育出版社，2014．

[8] 黎雪微．电子商务概论［M］．北京：清华大学出版社，2013．

[9] 鲁丹萍．跨境电子商务［M］．北京：中国商务出版社，2015．

[10] 吕廷杰．移动电子商务［M］．北京：电子工业出版社，2011．

[11] 石彤．电子商务综合实践教程［M］．北京：北京交通大学出版社，2011．

[12] 宋嘉露．浅析我国第四方物流体系构建——以菜鸟网络为例［J］．中国物流与采购，2020（18）．

[13] 宋文官．电子商务实用教程［M］．北京：高等教育出版社，2012．

[14] 北京博导前程信息技术股份有限公司．电子商务数据分析基础［M］．2版．北京：高等教育出版社，2023．

[15] 雷颖晖．电子商务物流［M］．3版．重庆：重庆大学出版社，2022．

[16] 张昭俊．电子商务物流管理［M］．北京：清华大学出版社，2013．

[17] 范鹏．新零售：吹响第四次零售革命的号角［M］．北京：电子工业出版社，2017．

[18] 钟元生．移动电子商务［M］．上海：复旦大学出版社，2012．

[19] 武化岩，全新顺. 电子商务概论［M］. 北京：中国水利水电出版社，2015.

[20] 周曙东. 电子商务概论［M］. 3版. 南京：东南大学出版社，2011.

[21] 张润彤，朱晓敏. 电子商务概论［M］. 4版. 北京：中国人民大学出版社，2024.

[22] 白东蕊，岳云康. 电子商务概论［M］. 5版. 北京：人民邮电出版社，2022.

[23] 白东蕊. 电子商务基础与实务［M］. 北京：人民邮电出版社，2020.

[24] 陈德人. 电子商务概论与案例分析［M］. 北京：人民邮电出版社，2020.